心理職の仕事と私生活

若手のワーク・ライフ・バランスを考える

編著
伊藤正哉
山口慶子
榊原久直

福村出版

目次

第一部　ワーク・ライフ、心理臨床家としての成長　001

第1章　心理臨床家にとっての仕事と私生活――私たちは、もがいている　●伊藤正哉　002

コラム1　若手をつなぐ、若手とつながる――ようこそ、若手の会へ　●加藤佑昌　017

第2章　心理臨床家の発達――ワークとライフの体験を行き来する　●山口慶子　020

コラム2　資格試験の苦労話　●西田千尋　033

第3章　心理臨床家のルーツ――動機と臨床実践のむすびつき　●上野まどか　036

コラム3　育休とカップルとローン　●田中翔太郎　051

第4章　人生経験と心理臨床の相互作用――同感と共感を巡る考察　●榊原久直　054

第二部　さまざまな領域で働く若手臨床家のワーク・ライフ　067

第5章　大学教員のワーク・ライフ――多様性を包摂する社会に向かって　●鈴木華子　068

コラム4　留学とワーク・ライフ・バランス　●安達友紀　079

第6章 企業で働く心理士のワーク・ライフ
——家族との暮らしを支えてくれるものたち ●船戸みずほ 082
コラム5 私たちに潜む差別的な感覚——臨床と社会、政治 ●沖潮満里子 095

第7章 家庭裁判所調査官のワーク・ライフ
——法の下で家族に寄り添う ●富尾和世 098
コラム6 「硬い」身体と、「関わる」身体 ●古賀絵子 110

第8章 科学者-実践家としてのワーク・ライフ
——明日からもがんばろう ●藤野陽生 113
コラム7 スーパーヴァイジーからスーパーヴァイザーへの役割移行 ●細越寛樹 125

第9章 キンダーカウンセラーのワーク・ライフ
——ある非常勤複数掛け持ち臨床心理士の日常 ●原口喜充 128
コラム8 教育分析——笑って見失うライフ ●松本拓真 141

第10章 開業心理士のワーク・ライフ
——心理士の可能性とその志の裏側 ●中原元気 144

第11章 スクールカウンセラーのワーク・ライフ
——お金・結婚・キャリアと学校臨床の相互作用 ●雲財 啓 157

第12章　病院で働きながら個人開業もする公認心理師のワーク・ライフ
――弁証法的な仕事と私生活のあり方　●若井貴史　171
コラム9　配偶者からの声　●若井裕子　185
第13章　セカンド・キャリアとしての心理職とワーク・ライフ
――看護職や多職種から次の道へ　●牧野みゆき　188
コラム10　文化的マイノリティ　●藤岡　勲　201
第14章　ジェンダー・セクシュアリティの問題とワーク・ライフ
――心理職3名の座談会を通して　●小林良介／金　智慧／佐藤遊馬　204
Q&A　心理職を志す学生が若手の先輩に聞きたいこと　220
今読みたい、おすすめの一冊　229
むすびに　●鶴　光代　231
編者あとがき　233

第一部

ワーク・ライフ、心理臨床家としての成長

第1章　心理臨床家にとっての仕事と私生活——私たちは、もがいている

伊藤正哉（国立精神・神経医療研究センター）

はじめに——なぜ本書が生まれたか

私たちは、人のこころを支えることを仕事としている。あるいは、そうなることを目指している。そんな私たち自身もまた、ひとりの人間である。心理職を目指しているからといって、人のこころの機微をとりわけ理解しているとは限らない。心理職に携わっているからといって、自らのこころが豊かで、健やかであるとも限らない。むしろ、ゆとりをもって将来を見渡すどころか、日々の仕事、勉学、生活に追われ、つらくなるときだってある。いやむしろ、つらいことのほうが多くはないだろうか？

私たちは心理職である前に、ひとりの人間である。家事、余暇、家計、子育て、介護、恋愛、地域活動、副業、などなど。自分の身の回りのことですら、考え出したらきりがない。人と仲たがいすることもあるし、妬みや恨みもある。家に帰れば、片付けられない雑事が放置され、転がっている。安定したポスト、より良い待遇、やりがいのある仕事、そんなキャリアを夢想する。世の中では疫病が続き、災害が繰り返される。経済は停滞し、社会は閉塞し、分断が加速され、不公平や不均衡はあちらにも、こちらにもある。世を動かす人々の頼りなさに嘆く。日本という国がこんなにも脆いものか、そう思う出来事が報道される。しかしいつの間にか、自分自身がそんな社会を担う年代に差し掛かっている。いや、もはやその中心にいたりする。中心にいて、何もできていない

自分をみじめに思う。気が滅入る。ああ、情けない……。

こんな風に感じるのは、私だけだろうか。他の心理職の人は何を思い、どう行動しているのか。一体全体、若手の心理職の人たちは、どうやってこの局面を生きているのだろうか。そこには、心理職なりの生き様、なんてあるのだろうか。

私たちは人間に関心を抱き、こころに不思議を感じ、学問の世界に入り、試験勉強をしたりして、ついには〝心理職〟という、とても人間的な営みを自らの職業として選ぶようになった。それは偶然ではなく、こころへの関心が幼少期からの人生（ライフ）の中から生まれ、育まれてきたからではなかろうか。そして今、若手として仕事（ワーク）に携わっていく中で、これから先のキャリアに悩みつつ、同僚、上司、部下と共に働いて、ハラスメントや人間関係の難しさに心折れたりする。多職種との関わりから、価値観や文化の違いを感じ、心理職としての存在意義を問い直している、かもしれない。その一方で、私生活（ライフ）では、恋愛、結婚、子育てなど、キラキラしていそうな局面において、実のところはひとりの人間として、ちっぽけに悩んでいたりもする。あるいは孤独、死別、ジェンダー、セクシュアリティ、不妊、介護、借金、不倫、差別など、自分自身や身近な人に降りかかる様々な問題に呑まれ、途方にくれ、無力にしぼんでいるかもしれない。自分自身のこころや人間関係の問題に悩み、そうならないようにと思いつつも、ぎりぎりの局面に置かれ、それを目の前のクライエントに悪影響を与えないように必死になったり、逆に、いい影響をもたらすかたちにもっていくことに、苦闘したりもしている。いやいや、そんなに高尚にがんばってもいなくて、ぼんや～りして、空を眺めていたりもする。

ワークとライフを行き来しながら、日々暮らし、もがく若手の心理職。その私たちひとりひとりがワークとライフ、そして自らの生業（ライフ・ワーク）を語ることで、心理職を目指そうとする学生、心理職に就いて間もない新人、中堅に差し掛かる若手まで、互いを支え合い、励まし合いたい。自分たちを勇気づけ、応援し、なぐさめ、癒やし、共感し、支え合いたい。ソーシャル・ネットワーキング・サービス（SNS）では伝えきれない、ひとまとまりの私たちを、この姿を知ってほしい。あわよくば、若手というカテゴリさえ超えて、幅広い臨床家たちに、私たちの姿から連想をつなげて、日々の臨床や生活に活かしていってもらいたい。今も、この先の、知らない未来にさえも。そんな願いと祈りに共鳴した若手の心理職が、それぞれの立場や体験から仕事と私生活を考察する。それが本書である。

本書は心理学、とりわけ臨床心理学を背景とする仕事への就職を考えている学生から、若手として各々の持ち場で励み、悩んでいる人を読者として想定している。〈若手〉としては、20代から40代を想定している。40代まで含むのには違和感があるかもしれないが、セカンドキャリアとして心理職を選択する人も少なくないし、80歳を超えてなお現役で活躍する臨床家がたくさんいる。この業界においては、40代なんてまだまだヒヨッコのようですらある。それに、老若は他人が決めるものではなく、本人の考え次第でもある。だから、ここは敢えてくっきりと線引きをしない。読み手それぞれが〈若手〉を思い描きながら、読み進めてもらいたい。

〝心理職〟という言葉も、なんともぼんやりしている。これは、人のこころが絡んでいるあらゆる領域に及んで私たちが貢献できるからである。だからこそ、このぼんやりさは、ある種の誇りにも感じられる。一般に〝心理職〟と言うと、公認心理師や臨床心理士が思い浮かぶだろう。しかし、看護師、社会福祉士、精神科医、心療内科医、産業医、保健師、助産師、作業療法士、理学療法士、介護士など、人のこころに関することを扱い、日々のなりわいの重要部分を占めている職種も多い。もちろん、職種で線引きしきれるものでもない。また、紙面の関係上、本書は私たちを取り巻く重要な問題を包括できていない。地球環境、国際問題、デジタル技術の進歩に伴う倫理など、本書で言及されていないからといって、それらが重要でないという意味ではないことは、敢えて述べておく。ある何かに限定して読まれるというよりは、どこまでも連想が広がるように読まれることが、編者としては本望である。

ワーク・ライフ・バランスの基本理解

「ワーク・ライフ・バランス」という言葉は、いまや人口に膾炙《かいしゃ》されている。関連した学術研究を遡っていくと、「仕事と家族が両立するとき——ワーク・ファミリー・エンリッチメント」という論文に行き着く（Greenhaus & Powell, 2006）。この論文は２０２１年時点で４千回以上引用されており、この研究領域に大きな影響を与えている。この論文が登場する以前、とくに１９８０年代から２０００年初旬頃までは、仕事と家庭生活が葛藤を引き起こすという観点からの、ワーク・ライフ・コンフリクト研究が主流であった。２０００年前後から、仕事と家庭生活とのポジティブな相互作用に目が向けられるようになり、この現象に〝エンリッチメント〟〝スピルオーバー〟〝エンハンスメント〟〝ファシリテーション〟といった言葉が当てられ、様々な研究が花開いていった。これには、人間の弱みや欠損ではなく、強みや素晴らしさに注目するポジティブ心理学の影響もあった。[1]

ワーク・ファミリー・エンリッチメントとは、「ある役割における体験が、他の役割の生活の質を向上させる程度」である（Greenhaus & Powell, 2006, p.73）。先行研究をレビューした上で、グリーンハウスとポウエル（２００６）はワーク・ファミリー・エンリッチメントのモデル（**図１-１**）を作成した。**図１-１**は、仕事（役割Ａ）から私生活（役割Ｂ）としても、私生活（役割Ａ）から仕事（役割Ｂ）としても理解できる。**図１-１**の左側から上部を通過して右側に至る経路は、道具経路と呼ばれる。これは、役割Ａにおいて培われた様々なスキルや資源が、いわばよき道具として機能して、役割Ｂでのパフォーマンスを高める場合を指す。例えば、心

１　総説として、藤澤（２０１４）や佐藤（２０１８）が参考になる。学術研究と少し逸れるが、日本国独自の施策としてのワーク・ライフ・バランスの動きを知りたい場合には、毎年出されているレポートが参考になる（仕事と生活の調和関係省庁連携推進会議、２０２１）。

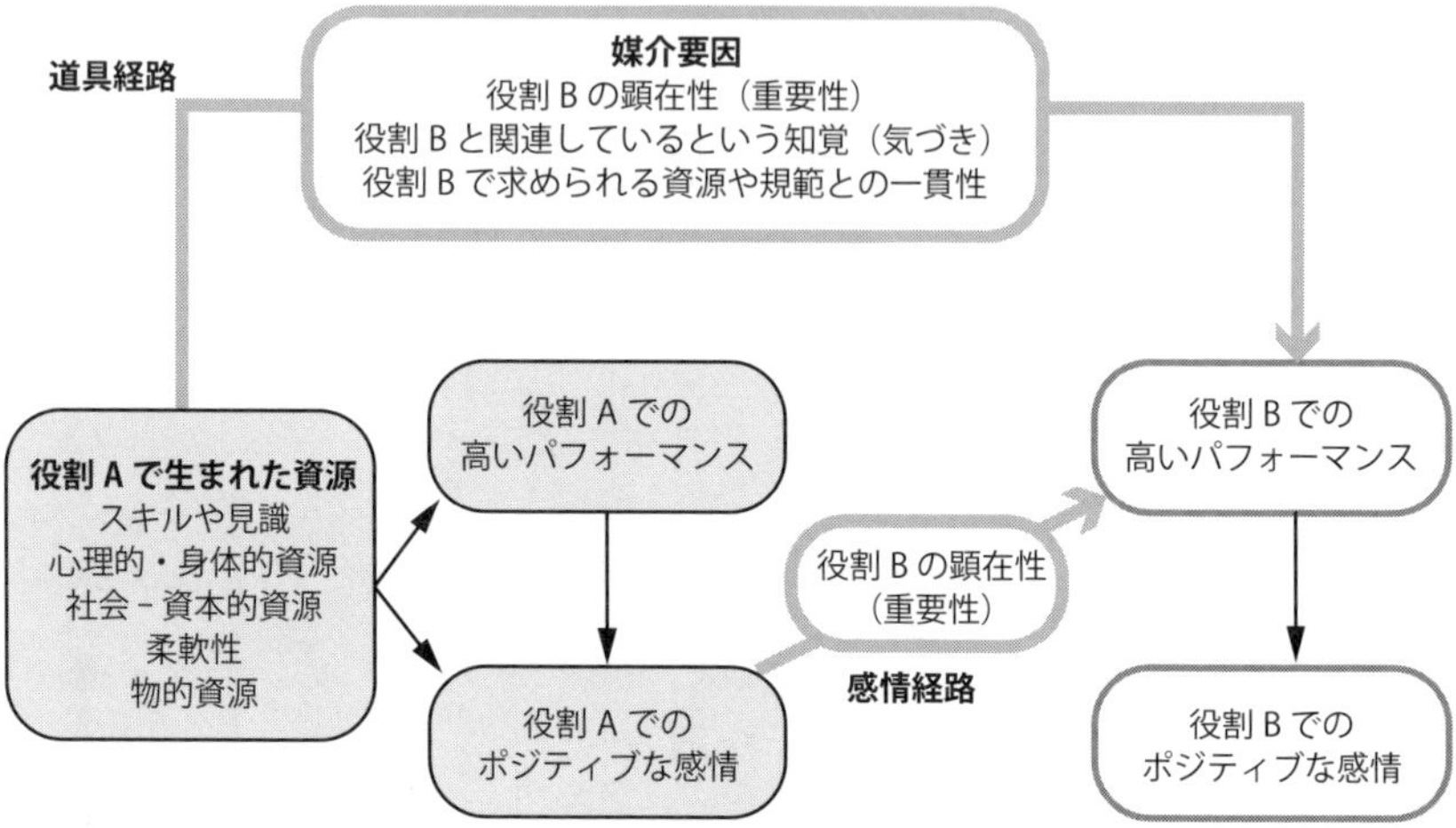

図1-1　ワーク・ファミリー・エンリッチメントモデル

Greenhaus, J. H., & Powell, G. N. (2006). When work and family are allies: A theory of work-family enrichment. *Academy of management review*, 31(1), 72-92.

理学という仕事で身につけた共感のスキルは、私生活上の子育てに活用されるかもしれない。逆に、夫婦喧嘩という私生活上の体験が、カップル療法に活かされるかもしれない。一方、図の下側は感情経路と呼ばれている。これは、役割Aで体験されたポジティブ感情が、役割Bでのパフォーマンスを高める場合である。例えば、クライエントに感謝されて、セラピストとしての喜びや充実感を感じてこころにゆとりが生まれたその日の夕方、家に帰って夫や子どもにやさしく関われる場合である。あるいは、休暇中に故郷に戻って懐かしい時間を満喫してリフレッシュすることで、困難な仕事に戻っていける場合などである。

道具経路も感情経路も、どちらも影響を受ける側の役割Bの顕在性（salience）を媒介する。この顕在性は、社会的アイデンティティ理論で使われる用語である。簡単に言えば、その人がその役割をどれだけ大事にしているかの程度である。すなわち、役割B（家庭や私生活）を大事に思っていれば思っているほどに、他の役割からのエンリッチメントを享受されやすいことになる。また、道具経路においては、「これはあっちの役割でも使えるぞ」という、別の役割に活用する意識が強いほど、良い影響を与えやすくなる。このモデルは、若手の心理職が自身の仕事と私生活の関わり合いを顧みる上でも、本書の他の章を読み進める上でも、基本的な枠組みを与えてくれるだろう。ただし、このモデルが科学的に検証されているわけではない。このモデルは検証され、改善されていくことだろう。

あるものが他のものに影響する。このように抽象化すれば、様々な現象に広く適用して思考を進めることもできる。例えば、スピルオーバー効果という概念がある（Grzywacz & Marks, 2000）。〝スピル〟とは〝溢れ出る〟という意味であり、ポジティブにも、ネガティブにも溢れ出て、波及効果が起こることを指す。ポジティブ・スピルオーバーはすでに述べたいくつかの例が当てはまる。ネガティブ・スピルオーバーの例としては、離婚や死別などの私生活の困難が、心理療法のパフォーマンスに悪影響を与える場合である。ポジティブやネガティブという言葉は、〝結果〟を形容する言葉であり、必ずしも背反関係にない。例えば、どの時点で結果を見るかで評価が変わることもある。短期的には悪影響を及ぼしているように見えている時でも、数ヶ月後や数年後、長期的に顧みた時には、ポジティブな側面を生じさせていたことに気づく場合もある。私の場合、学生の頃に教育分析を受けて、とても傷ついた日々があった。当時は心理療法に絶望し、気力がごっそり削がれた。しかし、同じセラピストとのその後の教育分析を通して、豊かな体験をし、学んだ。いまでも、そうして得られた人間知に助けられている。

私生活と仕事は、個人内での役割にとどまらない。私生活と仕事は、個人間の、他の人や組織などとクロスオーバーして、交差的に波及し合ってもいる（Bakker & Demerouti, 2013）。私生活におけるクロスオーバーであれば、自分の中で起こっているポジティブ・スピルオーバーが、配偶者のポジティブ・スピルオーバーを誘発する場合がある。例えば、仕事でいいことがあって家庭でやさしくなれたなら、そのやさしさに触れた配偶者が自らの仕事で力をさらに発揮するかもしれない。仕事におけるクロスオーバーであれば、ある臨床家の臨床行為が他の臨床家の私生活に影響を与えることもあれば、ある臨床家の私生活が他の臨床家の臨床行為に影響を与えるかもしれない。このクロスオーバーの連鎖は職場、勉強会、学会などの組織や団体においても、SNS、書籍、論文、雑誌といった様々な媒体でも起こりうる。本書も、まさに心理職同士のポジティブ・クロスオーバーを起こそうという企てである。

要するに、私たちは〝応用できる〟し、〝波及し合える〟。私生活上の様々な体験は、心理臨床における様々な場面で活用できる。いやむしろ、ひとりの人間としての私生活の体験を抜きにして、臨床行為はできない。私たちは、日々積み重なっていく学問や科学から得られる知識を更新しつつ、それを自らの仕事や生活上の経験と照らし合わせて腑に落ちるまで理解する。そしてその理解を日々の臨床や暮らしに活かし、活かされた体験から学術知識に対するさらなる深い認識を得る。このようにして、人間の営みへの眼差しや私生活上での振る舞いを、もうひとつ豊かで、細やかで、手の込んだものへと織り込んでいく。人のこころを扱う私たちは、こんな風に私生活と仕事が溶け合い、その境界がくっきりしたりぼんやりしたりしながら、日々を生きている。

私生活と仕事における困難

心理職は大変だし、つらい。私たちは、この事実をもっとはっきり声に出してもいい。大変だし、つらい。そりゃそうである。私たちの仕事は、そう易々とできるものではない。長年にわたる相当量の勉学や訓練が必要となる。心理検査も、心理療法も、一朝一夕にはできない。相手にしているのは生身の人間であり、ひとりひとりが色とりどりで、とてつもなく繊細な〝こころ〟を生きている。法的な知識も、倫理も、わきまえていなくてはならない。そもそも、人のこころについての基本的な見方でさえ、統一見解がない。定理や公式から論理的に組み立てられ、〝解〟が出るような知の基盤は、私たちにはない。代わりに、多様性がある。心理学、医学、行動科学、人文社会学といった学術区分から、精神分析学、ヒューマニスティック心理学、認知行動科学、統合や折衷といった介入アプローチまで、様々にある。産業、司法、福祉、教育、療育、医療、公衆衛生など、置かれた領域も多岐にわたる。うつ病、不安症、強迫症、心的外傷後ストレス障害、統合失調症、双極性障害、摂食障害、神経発達障害など、診断基準で区別される問題だけでも数え切れない。加えて、夫婦間の葛藤、ジェンダー、慢性疾患に伴う精神的困難、周産期メンタルヘルス、虐待、マイノリティ、文化適応、犯罪被害、貧困、実存的な葛藤、スピリチュアリティなど、人の苦しみや悩みは尽きないし、その切り口は無数である。

そんな大海の、あらゆる場所で、あらゆる支援の在り方が生まれ、育まれている。私たちはそれぞれの持ち場で、それぞれが頑張っている。こんなにも豊かな学術知識に支えられながらも、唯一の正解が出る場面はほとんどない。学術基盤、介入アプローチ、対象となる問題のそれぞれが乗数的に掛け合わされるので、理解し修得すべきことは、文字通り果てしない。しかし、私たちが学び訓練できる時間は有限だ。そのため、先人たちが残したより確からしい知と技の最低限とされる何かしらを持って、あとは臨床現場で学ぶしかない。クライエントや支援対象の方に教えてもらい、同僚に助けられ、先輩に導かれるしかない。そうやって、日々出会う相手の、出会った瞬間の数だけこころの機微を見定め、長期的な影響までを想像して臨床判断を絞り出し、振る舞いを決めていく。数秒単位でも、週間単位でも、自らとクライエントとの相互作用の結果を観察し続けて、情報を増やして、より良い次の一手はどういうものかをまた臨床判断し、振る舞っていく。このようなプロセスでは、ある種の創造性や、ユーモアも大切になるし、人や生命に対する向き合い方みたいな個性が、どうしたって滲み出てくる。どうしたって、ひとりの人間としてのライフがそこには現れてくる。だから、見様見真似で盗める技術はあれど、それには限界がある。スーパーヴィジョンを受けたり、自分も心理療法を受けて、自分という人間の理解を深めたり、セルフケアを身につける必要がある。

心理臨床という仕事において、私たちは多くのリスクや困難を抱えている。**表１‐１**はその一部である

(Norcross & VandenBos, 2018)。この表にある項目をひとつひとつ見てほしい。心理職として一定の経験を有する人であれば、それぞれの項目から、あれやこれやの過去のエピソードが思い出されるのではないだろうか。その困難の真っ只中に置かれている項目があるかもしれないし、ある程度当てはまるという程度であれば、いくつもあるのではないだろうか。

表1-1には、患者の行動と治療関係が列挙されている。私たちは、支援対象となる方の言動から直接的にも間接的にも傷つくことがある。深く悩み苦しむクライエントを目の当たりにして、無力感を噛み締めるしかない時もある。どんなにベストを尽くしても、非難されることもある。「あなたは理解してくれない」「他の先生の方がよかった」などと言われるかもしれないし、無言で去っていく人もいるだろう。自分が支援したいという、まさにその相手とうまくいかない体験は、臨床家としての自分が否定されるように思えて、情けなく感じるかもしれない。あるいは、自分自身の精神的な困難、弱み、脆《もろ》さをどうしようもできず、窮地に陥るかもしれない。そんな時、クライエントから「先生にずっと会っていたい」と言われたら、そこには、何か心ならずも喜ぶ自分がいることに気づくかもしれない。心理臨床家の多くは、愛着や親密さなど、対人関係の敏感さを諸刃の剣のように抱えているのかもしれない。それは臨床の助けとなる時もあるし、足かせともなり得る。

職場環境や待遇など、現実的な困難もある。給与水準や待遇に満足している心理職は少ないのではないだろうか。煩雑な事務処理、記録の作成、長時間労働で疲弊している人もいるだろう。公認心理師が雇用されている医療機関のうち、ひとり職場は29・2パーセント、二人職場は20・1パーセントである（国立精神・神経医療研究センター、2020）。クライエントとの関わりの難しさを相談できる仲間や、情緒的にねぎらいあう仲間はおらず、その上、心理職としての専門性を生かしにくい業務に追われる場合もある。一方で、どんな職場であれ、人間関係の行き違いや諍《いさか》いが皆無なはずはない。スクールカウンセラーやクリニックの心理士など、非常勤職を掛け持ちする心理職は多い。様々な環境や風土に適応する必要も出てくる。ひとつの職場で週21時間以上を勤務しない

表1-1　心理職が遭遇する可能性のある困難

患者の行動
- 敵意的な転移
- 自殺への言及や企図
- セラピストへの怒り
- 重度の抑うつ
- アパシー、動機づけの欠如
- 熟さぬ終結
- 不適切な臨床行為への訴訟
- 倫理的問題
- 暴力（威嚇、暴行）
- 終末期にある患者
- 強い抵抗
- 重度の精神病理

仕事環境
- 組織内での政治
- マネージドケア
- 事務書類の多さ
- 過剰な仕事負荷
- スケジュールの制限
- 裁量権の低さと高すぎる期待
- 過剰な規則／規制へのコンプライアンス
- 管理上の決定からの除外
- 収入の低さ
- 事務・管理部門の人員不足
- 締め切りや時間のプレッシャー
- 同僚の不適切な行動
- 新たなアイデアへの抵抗

感情の枯渇
- 退屈で単調な仕事
- 身体的な消耗・疲労
- 職場での“精神力動”から離れられない
- 患者との別れ
- 患者の病理と自らを同一視
- コンパッション疲労・二次トラウマ
- 繰り返される感情的緊張
- 治療成功体験の少なさ
- キャリア選択の疑問
- 以前からあった精神病理の活性化

治療関係
- 患者への責任
- 障害ある患者との難しさ
- 患者からの感謝の欠如
- 逆転移様の気持ち
- 病理的な志向性の発展
- 患者と関わる際の自分らしさの喪失
- “50分”の束縛

心的な隔たり
- 専門家間の競争
- 守秘義務の維持
- 個人情報の保留
- 私的な懸念との線引き
- 一方向の親密さ
- 感情のコントロール
- 理想化と万能感
- 脱価値化と攻撃
- 世間からの目
- 世間や同僚からの物理的隔たり
- 体の不活や疲労

私生活上の混乱
- 経済的な懸念
- 疾病や障害
- 老化や引退
- 愛する人や家族の死
- 離婚
- 結婚
- 妊娠
- 子育て
- 引越や配置転換
- 子どもの巣立ち
- 終末期の疾病

その他のストレス要因
- 治療成績についての過度に理想的な基準
- 進捗を評価することの難しさ
- 心理療法の有効性への疑念
- 精神障害への公衆からのスティグマ

［Norcross & VandenBos（2018）をもとに一部改変］

と、雇用保険には加入できない。また、個人事業主として国民年金に加入することになったとしても、老後の不安は払拭できない。住宅購入資金のためのローンを組めなかったという話も、耳にしたことがある。

研究者であれば、論文の業績を出し続け、研究費を獲得し続けたりと、専門家間の競争に疲れ果てているかもしれない。日々のクライエントとの関わりから臨床上の疑問を生み出し、膨大な先行研究にあたり、世界の誰もが検証していない仮説として定式化し、それを検証するための方法をデザインし、粘り強くデータを取得し、最新の方法論をよく吟味して統計解析を行い、論文として執筆する。リジェクトの恐怖に怯《おび》えながら投稿し、時にはピアレビューの過程でボコボコに打ちのめされ、それでも修正を重ね、次のジャーナルへと投稿する。チームを組んで協同研究を進めたり、自らのラボを運営したりするようになれば、多大なるマネジメント業務に疲れ果ててしまうかもしれない。大学教員では経済的な安定を得られるかもしれないが、学部生の頃に夢見ていたのとはかけ離れた業務実態に失望するかもしれない。受験生を確保するための高校回りなどの営業努力、絶対に失敗が許されない試験監督、終わらない授業準備や遠隔の対応、膨大な実習指導、卒論指導、無意味で退屈でしかない会議、学内トラブルの対応、などなど。テニュア、もしくは無期雇用選択権を得るためには、長い道のりが待っていることも多い。

心理職を目指して学んでいる人が**表1-1**を見てしまったら、希望が削がれ、途方に暮れ、心理職の道への歩みを止めてしまうかもしれない。それもそれで、ありかもしれない。けれども、あらかじめ知っているということは、助けにもなるはずだ。**表1-1**の項目や、上述した中で特に心配なことがあれば、信頼できそうな先輩や先生をつかまえて、ぜひとも生の体験談を聞いてみるといいだろう。その先輩はどんな困難を体験し、どんな風に対処してきたか。それはあらかじめ策を立てうることか、そうでないか。困難を通し、どんな犠牲が払われ、どう迷い、傷つき、何を学んだか。そんな視点で先人の体験を知ることで、自分なりの心構えが持てるようになるかもしれない。教えてくれそうな人が身近にいなければ、ＳＮＳで先輩たちに質問してみるのもいいかもしれない。先人たちはこれまでずっと、心理職の重要性を認識し、熱意と才能ある人が生き生きと育つ環境づくりに腐心し続けているはずである。本書もその試みのひとつである。学会や職能団体を運営する偉い先生方も、偉いだけではなくて、次代へとより良い専門環境を残そうと戦い続けている。

心理臨床で生きる素晴らしさ

私たちの仕事は、かけがえがなく、素晴らしい。この事実もまた、声を大にして言っていい。心理職に携わっていなければ体験できなかったこと、得られなかった知恵、気づけなかった美しさがある。それは、本書を通して語られていることでもある。私個人が最もうれしいと思うことのひとつは、心理療法を通して誰かの人生の1ページをともに生かしてもらえることである。感情的な苦しみで暗く閉ざされた世界にいるクライエントが、自らのこころに向き合い、素直に感じ、前よりも自由に行動していくようになる姿は、それだけで本当に勇気づけられる。柔らかな笑み、喜びの染み込んだ声。数ヶ月前にはあり得なかったその表情に出会える喜び。人はこんなにも変わる。そういう素朴な感動をもらえることがたくさんあって、それは、私の人生を深く満たしてくれる。〝成功〟を収めた終結はもちろんのこと、それに至る七転八倒のプロセスにおいても、その路を一緒に歩ませていただいていることに、光栄な思いを感じる。心理療法の中で、深く痛々しい悲しみ、凍てつくようなさみしさに留まり、その人の内面に共に留まることを許してもらい、そこにある大切な想いを拾い集めるような体験は、この仕事でなければ、そうできるものではない。専門性を持って、貢献できるかたちで、誰かとのつながりを持てることは、なによりの喜びだ。

日々、支援している方との関わりの中で、人生や生活についての大事なことを認識させていただくこともたくさんある。私は心的外傷後ストレス障害や遷延悲嘆症《せんえんひたんしょう》で苦しまれる方との心理療法に取り組む機会がある。そこで語られる出来事を聞いて、自分の日常がいかに幸運で、恵まれているかを強く認識させられる。帰宅したら家族が死んでいることも、明日には自分がこの世からいなくなっていることも、可能性としてなくはない。そう認識させてもらえるからこそ、日常の私生活をより強く、奇跡のように大事に思えるし、それが続くようにするための丁寧な行動も意識できる。だからこそ、そんな境遇に望まずにして置かれてしまった人やその周りの方に貢献できるよう、心血を注いで仕事に向き合うことができる。

私は人のこころそのものに興味がある。たくさんの人の思索に触れられること自体が歓びである。心理学そのものが美しい。人が人のことを考えるその行為自体が尊い。そういう素敵なものを素敵なものとして共有できる同僚、仲間、先輩、後輩との関わりも、この上なくありがたい。スーパーヴィジョン、教育分析、ケース・コンサルテーション、事例検討会、研究会、勉強会など、同志との専門的な交流は、そうした歓びや感謝に満ち溢れたひとときである。あるケースの録画記録を振り返り、チームで議論する。それぞれの専門性と経験に裏打ちされた様々な眼差しがあって、ささやかな言動や関わりを紐解く仮説が飛び交い、響き合う。過去の偉人たちの文献や学術研究とつながりつつ、その場にいる臨床家同士の脳みそも心臓も共鳴し、そこにある数だけ見方が異なって、口の数だけ出てくる言葉が違って、耳の数だけ聞こえ方が変わってくる。にもかかわらず、大河がひとつのまとまりを成していくように、次のセッションですべきことが浮かび上がり、ケース全体の輪郭がまた一段と、はっきりしてくる。魔法にかけられたような、特別な時間である。今この瞬間、日本や世界のあらゆるところで、そんな専門家同士の支え合いや昂《たか》め合いが起こっている。そういう体験をくぐり抜けて、若手が互いを刺激し合い、先輩に憧れ、成長していく。これが可能になるのは、共有される学術基盤として、先人たちが臨床の知恵を私たちに伝承してきてくれたからだ。ひとりひとりのかけがえのないセラピスト、支援者、実践家、科学者は、心理学が誕生して以来、あるいはそれ以前から存在してきた。そういう人間の営みとのつながりを感じ、生業とさせていただけて、次へのバトンをつなげられる一部でいられることに、畏敬と感謝の念を深く感じる。

個々の臨床家によって、心理臨床の素晴らしさは色々だろう。人を支援することから得られる充足感、誰かに貢献できているという喜び、たくさんのクライエントから教えてもらえる多様な人生経験、好奇心の先にある発見、面倒を見ている学生や若手が育っていく喜び、これらすべてを通した、ひとりの人間としての自身の成長。人の生き方そのものを扱う仕事だからこそ、それは自分の私生活にも溢れ出て、示唆を与えてくれる。他人の言葉を遮らずにじっくりと受け止めるという、とてもシンプルな傾聴スキルひとつをとっても、それは友人や家族との関わりに自然と活かされるだろう。自分のこころに素直になり、観察し、受け止められることで、生きている意味や貴さをより大事にできるかもしれない。また、公認心理師や臨床心理士といったプロフェッショナルな資格を有することは、自分が何某かであるというアイデンティティを与えてくれる。友人や世間に対して、誇りを持って自慢できる姿かもしれない。テレビドラマも映画も、心理師が主人公になる時代である。

最後に――ライフワークとしての心理臨床

あなたはなぜ、人のこころを扱う仕事を志し、選び、歩んでいるのだろうか？　本書では「ワーク・ライフ」と「仕事と私生活」とを換言可能な言葉として用いている。しかし、英語の〝Life〟という言葉は〝生活〟や〝暮らし〟という意味合いだけでなく、〝生涯〟や〝命〟という意味合いを持つ。後者の意味合いを意識してワーク・ライフについて考えた時には、バランスを取るという観点では見えてこない扉が開かれる。心理職という仕事は、人生のとても大きな部分をつくるものであるし、人生そのものであるのかもしれない。自分が救われるために、自分の苦しみをどうにかしたいために、人のこころへの関心を抱くようになったのかもしれない。このような、一人称としての〝私〟を顧みたときに、それぞれの心理職は、そしてあなた自身は、いったい何を語るだろうか。それぞれの〝私〟が語る、私としての、仕事と私生活と人生のこと。本書のそれぞれの章を合わせ鏡のように乱反射させながら、ひとつひとつを読み進めていただきたい。あなた自身の、心理職としての道が、よりあなたらしくなるように。そう願っている。

引用文献

Bakker, A. B., & Demerouti, E. (2013). The spillover-crossover model. In J. G. Grzywacz & E. Demerouti (Eds.), *Current issues in work and organizational psychology. New frontiers in work and family research* (pp. 55-70). Psychology Press.

藤澤理恵（２０１８）「ワーク・ライフのポジティブな関係性」『RMS Message』51号、７-12頁、リクルートマネジメントソリューションズ

Greenhaus, J. H., & Powell, G. N. (2006). When work and family are allies: A theory of work-family enrichment. *Academy of Management Review*, 31(1), 72-92.

Grzywacz, J. G., & Marks, N. F. (2000). Reconceptualizing the work-family interface: An ecological perspective on the correlates of positive and negative spillover between work and family. *Journal of Occupational Health Psychology*, 5(1), 111.

国立精神・神経医療研究センター（２０２０）厚生労働省令和元年度障害者総合福祉推進事業「公認心理師の養成や資質向上に向けた実習に関する調査」

Norcross, J. C., & VandenBos, G. R. (2018). *Leaving it at the office: A guide to psychotherapist self-care* (2nd ed.). Guilford Publications.

仕事と生活の調和連携推進・評価部会、仕事と生活の調和関係省庁連携推進会議（２０２１）「仕事と生活の調和（ワーク・ライフ・バランス）レポート２０２０」内閣府

島津明人（２０１４）「ワーク・ライフ・バランスとメンタルヘルス――共働き夫婦に焦点を当てて」『日本労働研究雑誌』６５３号、75-84頁

COLUMN 1

コラム1

若手をつなぐ、若手とつながる——ようこそ、若手の会へ

加藤佑昌（専修大学）

「若手」とは？

日本心理臨床学会の「若手の会」は、おおまかに言えば「所属する若手会員がお互いに資質や技能の向上を目指し、人々の心の健康・福祉の増進などに貢献すること」を目指す集まりだ。「若手の会」は日本心理臨床学会だけのものではない。国内の多様な分野の学会に設置され、各若手の会はおおもとの「日本学術会議若手アカデミー・若手科学者ネットワーク分科会」に登録されている。心理臨床学会の若手の会は２０１８年に発足したが、私は縁あってその立ち上げから幹事として関わらせてもらった。

さて、「若手」といって世間的にイメージされる年齢は、20代からせいぜい30代前半だろう。しかし、そういう私は40代前半で、エリクソンの発達段階では「成人期・壮年期」相当の〝いい歳〟になる。だが、「日本学術会議若手アカデミー」は、45歳未満の研究者をメンバーとしている。この設定は世間との認識の差がだいぶあるように感じるが、これは「若手」という言葉に「アーリー・キャリア」という意味を込めているかららしい。

定年のない学術界では、御年配の先生が現役で活躍されていて、それまでの生業《なりわい》の過程で蓄積され磨かれてきた経験・知識・技術が貴重なキャリアや武器となる。そう考えると、40代前半のキャリアは相対的に「若手

（アーリー・キャリア）」となるのだ。

若手を取り巻く状況の変化

20〜40代あたりの若手が置かれる状況は、心理臨床学会が創設された1982年（約40年前）から大きく変わっている。今の時代に「若手の会」を設立するなら、この状況変化は無視できないだろう。学会創設当時の若手は、ちょうど今の60〜80代あたりのベテランの先生方だ。当時の若手は、発足したばかりの学会、ひいては心理臨床学という新しい分野を、自分たちが活性化させていこうと熱意を持ち、若手の学会員同士で切磋琢磨するなど、学会を身近に感じながら活動していたと聞いたことがある。また、当時は心理臨床に関する専門書や最新知見を国内で入手することは難しく、海外から文献を取り寄せて学んでいたという苦労も聞く。

それに比べると、今の若手世代にとって、学会は入会時には既に会員約3万人の巨大組織で、檀上には雲の上の存在のような有名どころのベテラン先生が並び、距離感を抱かない方が難しいかもしれない。更に、当時に比べて通信手段も格段に進歩し、学会に行かずとも、同じ興味・関心を持つ仲間をSNS上で見つけて議論でき、先達の努力のお陰で学びたい分野の専門書は豊富に揃い、最新知見はインターネットで入手できる。自己研鑽の苦労の仕方も変わってきている。

心理臨床学会創設当時の若手が、今の若手（の会）にも「元気に、積極的に、若気の至りを武器に先輩にも果敢に挑み……」というイメージをつい期待するなら、それは時代遅れで馴染みにくいものになってしまうかもしれない。

今の若手による若手のための会

若手の会の立ち上げ準備に集まった幹事たちは、学会離れが進む若手にも学会にコミットしてもらえるように、今の若手心理臨床家が抱える悩みや問題意識に注目した。そして、ある種の憧れを抱いて心理臨床家になったものの、実際は日常業務（ワーク）や私生活（ライフ）の維持ばかりに追われ、自己研鑽や研究に時間を割きにくい現状があり、その状況では学会に参加して学ぶ意欲が湧きにくいという課題があると考えた。

更に、日常業務と私生活のちょっと目を背けたくなるような世知辛い現状も含め、心理臨床家という生業《なりわい》（ライフ・ワーク）に向き合い、その体験をオープンに語って考え合うことにこそ、人生的、臨床的、学術的な価値があるのではないかとも考えた。学会という場だから敬遠されたりタブー視されたりしやすいこうした話題に、今後の学会を担っていく若手なりの心理臨床家の在り方を模索するヒントが隠されているように思う。

そこで、心理臨床学会の若手の会として、同じようなワーク・ライフの悩みを抱える同世代の心理臨床家たちが集まり、その悩みや思いなどを共有できる場を提供することが、まずは果たすべき役割のひとつだと考えた。これがこれからの時代の心理臨床家としての身分の安定や、資質の向上の模索につながっていくかもしれない。

学会参加へのハードルを高く感じたり、及び腰になったりしている若手も気軽に参加でき、参加した若手が日々の励みをわずかでも得られ、学会に身近なイメージや信頼を抱けるような場を、若手の会として提供することに現代的な意義があるように思う。

※日本心理臨床学会「若手の会」の詳細はこちら。https://www.ajcp.info/?page_id=6742

第2章

心理臨床家の発達――ワークとライフの体験を行き来する

山口慶子（東京女子大学）

1 はじめに

人が生まれ育っていくように、カウンセラーも訓練と経験を重ねて変化していく。そのことを学問体系のなかで知ったのは、学生の頃、心理臨床家の発達段階について講義を受けたときだった。それまでは、著名な臨床家や尊敬する先生を、「完成した姿」「理想の姿」としてのみ認識していたと思う。面接室で繰り広げられるドラマチックな展開、あたたかい共感の姿勢、核心に迫る鋭い質問、ユーモアあふれる応答、聞けば何でも教えてくれる博識な先生にも、私のような駆け出しの頃があったのだろうか。どのようにして専門性を磨いてきたのだろうか。試練や苦労はあったのだろうか。変わりゆく自分をどのように経験してきたのだろうか。当時の私の頭にそのような疑問が浮かんできた。

ほどなくして、心理臨床家の発達段階は実証研究に裏打ちされていることを知った。欧米では、心理臨床家の発達と教育訓練という領域が確立していることも驚きだった。興味深いことに、欧米の文献には“life”や“personal”といった言葉がごく自然に登場する。つまり、カウンセラーの発達は自らの個人的側面（体験）と密接に関わっていることを示している。個人的側面には、生活の、そして人生のさまざまな出来事やそこで経験するさまざまなことが含まれている。例えば家事、育児、趣味、余暇活動、健康・病気、介護などが、カウンセラーの発達に関わっているというのだ。そしてカウンセラーは常に自分の体験を内省していくと書かれていた。心理療法の理論や支援法は盛んに研究される一方で、カウンセラーの"life"や"personal"の側面は個人的なこととして考えられがちだ。しかし個人の体験を理解することもまた、心理臨床家の成長にとって意味をもつのだ。当時、そのことを自分の言葉で説明できるほど理解できていなかった私にとって、このテーマを専門とする先生方に出会い、導いていただき、研究する道のりをともに歩む仲間に恵まれたことは幸運であった。そして、「新しい何か」に出会えて、皆で航海に出発するようにわくわくしたことを覚えている。

その後、研究という文脈で、カウンセラーの方々のストーリーに耳を傾けてきた。とくに臨床キャリアが10年くらいまでのカウンセラーや、周産期から子育て期にかけてのカウンセラーの方々に、ワーク・ライフの体験を継続的に伺ってきた。目の前で展開される人生の物語からにじみでる人間味、つまりそのカウンセラーの「個」の側面に惹きつけられていき、何度か話を伺っていると次第に、カウンセラーはカウンセラーである前にひとりの人間であることに立ち返っていった。研究テーマに出合ってから10年以上の歳月が過ぎた。日々目の前のことにせわしなくしていると、もう10年経ったのかと驚くが、熟達したカウンセラーにもそこに至るまでひとつひとつ道のりがあり、その道のりの複雑さと多様さが、今なお私を魅了し続けている。

この章は、これまで直接または文献を通して出会ってきたカウンセラーの方々の個人的・職業上の体験を、「心理臨床家の発達」として紡いだものである。それに加えて、カウンセラーである私の歩みと、その過程で私を支えてきてくれた体験を織り込んでいる。本章を読み進めながら、心理臨床家の発達という視点から、日々のワーク・ライフを考えるきっかけにしていただけたら幸いである。プライバシーを保護するために、本来の意味を損なわない程度に個人を特定する可能性のある情報を変えている。

2　心理臨床家の発達はどのように進んでいくか

●成長と停滞：ほどよいチャレンジを求めて

「成長していなければ停滞していることになる」。10年以上前のこと、カウンセラーの集まりで、ある参加者がそうコメントした。成長、さもなければ停滞。"live or die"に近いものを感じた。カウンセラーの発達と停滞の循環モデル（Rønnestad & Skovholt, 2013）によれば、直面する困難や課題にどう対処するかが、発達のプロセスか停滞のプロセスのどちらが確かなものになるかを決定づけるというのだ。内省が限定的であったり、内省していても細部にこだわってばかりいると、「停滞」の軌道に入り込んでしまう。少しでも内省を怠るとすぐに「あちら側」にいってしまいそうだ。いや、そもそも当時の自分が「発達」の軌道に乗っているつもりになっていただけで、自分のモニタリングが正しかったのかあやしい。

読者は、どのような瞬間に自分がカウンセラーとして「成長した」と実感するだろうか。あるいは、どのような状態が「停滞している」サインだろうか。自分の訓練課程を振り返ると、上述した衝撃的なエピソードがあった頃、すなわち学び始めの私は、専門の資格を取得したこと、心理面接が終結したことなど、わかりやすく目に見える「プラスの」変化が成長の証だったと思う。以前から私は、誰に言われたわけでもなく、「今の自分がひとりで成し遂げるのはおそらく難しい。けれども、もしかしたら他の人の助けや他の人と一緒になら成し遂げられるだろう」と考え、ほどよいチャレンジを求めていた。目測を誤り、とんでもなく高いハードルに挑戦せざるを得なくなったこともあった。例えば、複雑な事例を担当することが少しずつ増えると、はじめは向上心が勝っていたものの、あとから不安が増幅してくることしばしばであった。行き詰まったり、自分の弱点や短所や課題を内省したりする必要に迫られた。そんなときは「引き返していいんだよ」と優しくささやいてくれる自分もいたのだが、当時の私は、なにごとも経験だ、修業だと自分に言い聞かせ、私に課されたことには必ず意味があるはずだと自分を奮い立たせていた。

このように、訓練を始めてしばらくは、一歩先を他の人の助けを借りて背伸びして、ときには10歩先だったと後悔しながら進むことが多かった。こうなってくると過酷なチャレンジである。その結果、体調を崩したり力尽きたりして、止まらざるをえなかった。アクセル全開の状態は長く続かなかった。今思うと、立ち止まざるをえなかった体験から、他者からのフィードバックに開かれている姿勢、自分のできること、できないこと、他者を頼ることを学んだ。そして、ワークとライフのバランスを必然的に考えるようになっていった。

3　心理臨床家の発達段階からみえてくる「若手」の姿

それでは「若手」という言葉から、読者はどのようなことを想像するだろうか。数年前、ある学会のシンポジウムで複数の若手がそれぞれの立場からワーク・ライフについて語り合う場に参加した。抄録には次のように書かれていた。「……企画として、若手の心理臨床家が、仕事、私生活、家事、余暇、家計、養護、介護、恋愛、健康、地域活動、サイドワークなどの生活のさまざまな面をいかにマネジメントし、それぞれの役割における経験をいかに別の役割に生かしていけるのかを議論していきたい……」（日本心理臨床学会，２０１９）。この抄録を読んだとき、心理臨床家であることは総合的な人間力を試されているようで、セルフ・マネジメントが苦手な私は頭を抱えた。そして自分のことでありながらどこか遠くから眺めるように、「心理臨床家って大変そうだな……」と感じた。人生で経験するあらゆることを仕事に活かそうとすることを窮屈に感じたのは、十分に活かせていない現実を否認しようとしていたからだ。

しかし、個人の特徴を心理臨床に活かそうと懸命に己に向き合う姿が、まさに「若手」らしさなのかもしれない。ここで、一個人としての生活や職業人としての生活の影響も含めて、より広くキャリア全体の特徴が描かれている心理臨床家の発達段階モデル（Skovholt & Rønnestad, 1995）を紹介しよう。著者たちは、アメリカに在住するカウンセリング／心理療法を学ぶ大学院1年生から実践経験25年以上の実践家まで、幅広い経験レベルのカウンセラー１００名（24～71歳、平均42・4歳）に面接調査を行った。著者たちは１００名の語りの内容を分析し、職業発達の８段階と各段階の特徴を示した。この発達モデルでは、何をどうしたらよいかわからず、自信もなく、非常に不安の高い初心者の段階から、さまざまな技法を統合した自分なりのスタイルをもち、相手がいろいろ変わってもそれに応じて柔軟に対応できる上級者の段階へと、訓練と経験によってカウンセラーが変化していくことが描かれていた。[1]

「初心者の専門家期」について書かれたページを開くと、初心者がいかに不安が強いかがみてとれる。例えば、北欧のあるセラピストはトレーニング期を振り返り、実習で初めてクライエントと会う2時間前から吐き続けていたという。別のセラピストも、同じく実習で初めてクライエントを迎える前の晩に、緊張のあまり嘔吐したという。訓練生が未知の課題を目の前にして経験するパフォーマンス不安を物語っている（Rønnestad & Skovholt, 2013）。私の知り合いの大学院生も、心理面接技法の研修に参加したときのほろ苦い体験を語ってくれた。その研修は、厳しいことで知られる講師と5～6人の少人数の参加者で行われた。午前の講義が張り詰めた空気のなか進んでいき、午後になると、参加者が順に前に出てクライエント役の講師を相手に、カウンセラー役をするロールプレイがあった。私の知り合いは自分の番が回ってきたとき、緊張のあまり歯をくいしばり続けた結果、歯が欠けたと苦笑いしながら話してくれた。古今東西、不安と緊張からくるさまざまな身体の反応がみてとれ、私の身体もこわばってくるのだが、先ほどの書を読み進めていくと、大学院生になったばかりの体験は爽快で知的好奇心をくすぐるものでもあると書かれており、私は胸をなでおろした。

「若手」という言葉から読者が想像したことと、どれくらい重なる部分があっただろうか。現場に出て5年程度までの「初心者の専門家期」の特徴を要約すると、不安の高い中、現場で働き始めて、大学で学んだことが妥当であったか、訓練の妥当性を確認しようとする。そして、訓練中に十分に習得されなかった職業的課題に直面し、訓練にも自分にも幻滅する期間がやってくる。さらに、自己と職場環境を強く探索する期間が訪れる。続く15年程度までは、「経験を積んだ専門家期」と命名されている。役割や仕事のスタイルの柔軟性が増し、また、自分で納得できるような、その人なりのカウンセラーとしての自己（professional self）を築くことが課題となるという。どちらの段階にも共通しているのは、個人の体験がクライエントとの治療関係の持ち方に強く影響を与えることを認識し、個人としての自分の特徴をカウンセラーとしてのあり方に反映させようと考え、統合していく点である。つまり、カウンセラーとしての自己と個人としての自己の相互の関わりやつながりである。そこで次に、「個人としての自己」にクローズアップしていこう。

4　ひとりの人間としての人生に思いを馳せて

『*The therapist as a person*』（Gerson, 2001）には、13人の心理臨床家による人生の物語が収録されている。各章で、一人ひとりの心理臨床家が、自分の人生に生じた（生じている）危機やアイデンティティに関わる問題を内省している。それによれば、幼少期に経験した人生の危機や出来事が、私たちが他者を援助する仕事を選択したことに少なからず関わっている。そして成人期に経験している人生の危機（例えば、移行期のかじ取り、離婚、配偶者の死、病いや加齢の問題への対処）や人生の道のりや体験も、私たちの仕事に影響を与え続けるという。

また、『*The personal life of psychotherapist*』（Guy, 1987）は、成人期以降の人生で起こりうるライフイベ

1　この研究について紹介した文献として金沢（2003）が参考になる。Skovholt & Rønnestad（1995）のモデルで見出された「8段階（stage）」は、のちに「6期（phase）」へ再編された（Rønnestad & Skovholt, 2013）。

ントが心理臨床家にどのようにインパクトをもたらすか、考えるきっかけを与えてくれる。ライフイベントには例えば、移住、家庭を築くこと、子どもの自立、病気や障害、近親者の死、老化と引退、不治の病、突然死などが含まれ、これらの出来事の自己開示に関わる問題、クライエントの反応、カウンセラーの反応がまとめられている。

本節では、カウンセラーの人生や生活上のさまざまな出来事や体験が心理臨床実践とどのように関わっているか、その実際をひもといていく。

●熟練カウンセラー、半生を振り返る

熟練カウンセラーが半生を振り返った記述には、人生のしわが刻まれている。１９９０年代後半に行われたプロジェクト（Rønnestad & Skovholt, 2001）を紹介しよう。先述した調査研究への参加者１００名のうち、25年以上の実践経験をもつ12名の臨床家（平均臨床経験年数37・6年、平均74歳）に対して、11年後に再び面接調査が行われた。調査の結果、４つの主要な学習領域（learning arena）「子どもの頃の経験」「専門的経験の蓄積」「専門家の先輩」「成人してからの個人的生活」が見出され、専門家としての発達に深い影響を及ぼしてきたことが報告されている。

とくに、「成人してからの個人的生活」には、次のようなエピソードが綴られている。12名中11名が、人生のポジティブな側面とネガティブな側面の両方によって影響を受けたと述べていた。もっとも影響力が強かったのは配偶者との関係の質であり、これらはネガティブなものからポジティブなものまで幅がみられた。あるカウンセラーは、離婚が好ましくない転職の原因となった経緯について話した。反対に、思いやりにあふれた結婚が、専門家としての自信と確信に強く貢献していることを話したカウンセラーもいた。配偶者を亡くしたカウンセラー３名は、大切な他者を失うという悲嘆を経験し、クライエントの体験に以前より共感的になり、クライエン

トと心理的に強いつながりをもてるようになったという。つまり、長期的にみてポジティブな影響があった例である。

読者は、熟練カウンセラーたちの語りからどのようなメッセージを受け取っただろうか。著者たちは、日々遭遇するさまざまな出来事や状況に対する気づきを高め、専門家として成長するために人生のさまざまな領域における経験に向き合い、それについて内省することが重要ではないだろうかと問いかけている。

●ライフサイクル上の発達的危機にどう向き合うか

次に周産期から子育て期のカウンセラーの発達に目を向けよう。私がカウンセラーの発達について研究を行うことになったもうひとつの流れとして、このテーマに出会うより前に、家族や女性の生涯発達について学んだことが大きかった。とくに、ライフサイクル上の発達的危機（クライシス）といわれる親への移行期に、一人ひとりの母親の努力、苦労、葛藤があることを知った。父親から母親へ、母親から父親へ視点を移すと景色は様変わりし、社会的・文化的な視点抜きには語れないことも知った。そして、ジェンダーについての先入観や価値観に敏感であること、自分のもつ価値観に無自覚であることの影響を深く考えるようになった。こうした思いを持ちながら、私は母親への移行期にいるカウンセラーの方々に面接調査を行い、その体験プロセスを縦断的に検討していた時期があった（山口・岩壁，2012）。これまでの知見が示しているように、周産期から数年ほどの間に起こる身体的・心理的変化は、その個人の心理臨床に大なり小なり影響を及ぼすことを漠然と想像していたが、心理臨床の領域では、こうしたライフイベントはプライベートなこととして扱われがちであった。

それでは、母親としてのどのような体験が、カウンセラーとしての体験の質に関わっているのだろうか。ふたを開けてみると、母親としての体験とカウンセラーとしての体験が質的に似ており、両者は重層的であった。**図2-1**に、育児と臨床活動のつながりを表した。まず、臨床活動と子育ての体験それぞれの肯定的体験を、「で

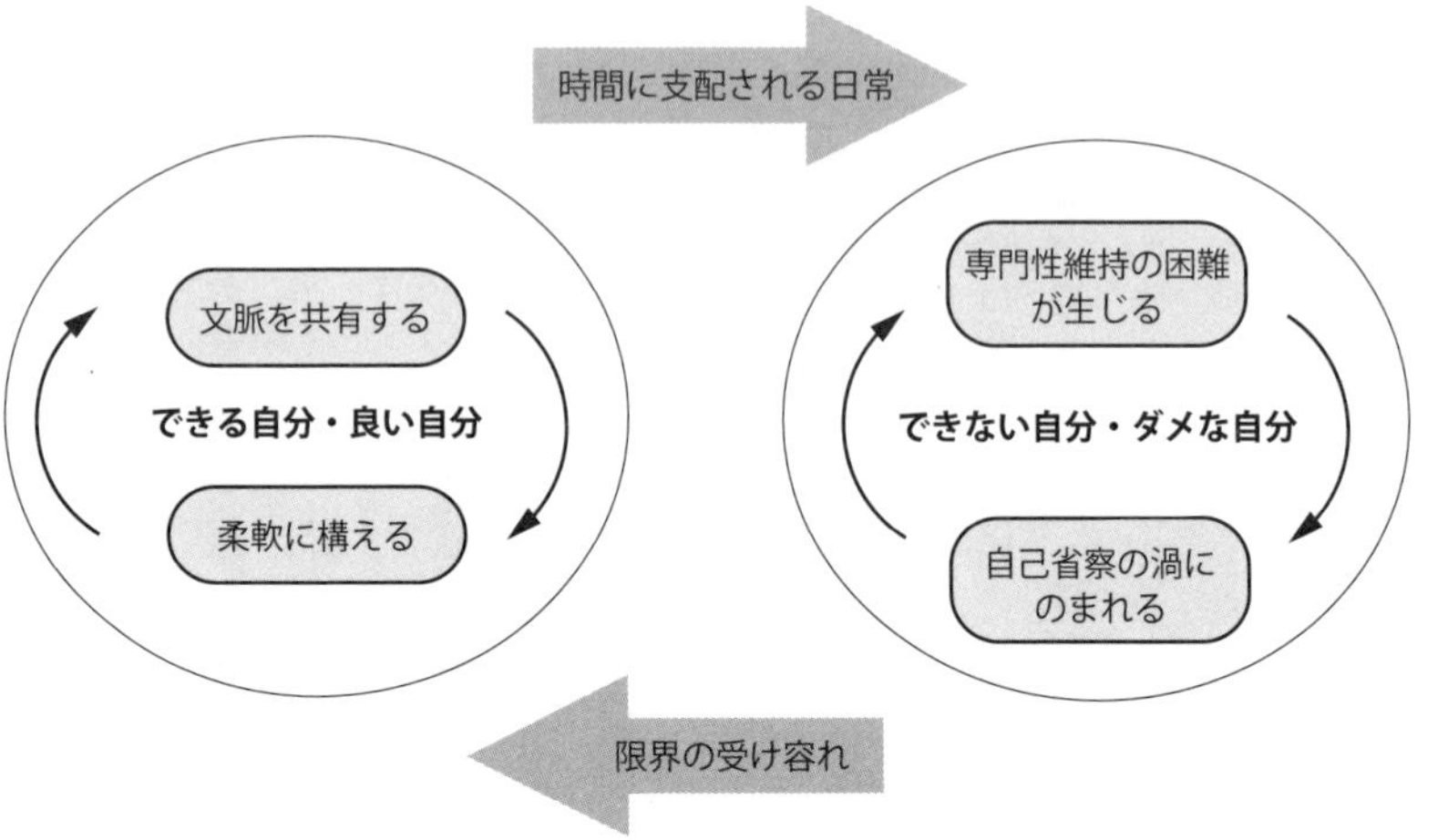

図 2-1　ふたつの自己に関するモデル図〔山口・岩壁, 2012, p.734, 図 1 を一部改変〕

きる自分・良い自分」の円に、否定的体験を、「できない自分・ダメな自分」の円にまとめた。日常生活で時間に追われていることを意識すると、母親としてもカウンセラーとしても自分の短所や能力不足を痛感させられた。一方で、そのような限界を受け容れるとき、母親としての体験を臨床活動に活かし、臨床活動において得た知識や経験を母親として子どもと接することに活用できていた（山口・岩壁、2012）。

このように周産期や子育て期のカウンセラーにとって、妊娠や出産は、身体の内外でさまざまな変化を伴うライフイベントであり、個人的・職業的人生の両方に影響を及ぼしていた。とりわけ日本のカウンセラーの発達を理解する上で、二つのことが欠かせない。ひとつは、私が大事だと思ってきた社会文化的視点が、研究の結果にも表われていた。出産後、取り巻く状況が本人の希望どおりに整わずにキャリアが中断したり、三歳児神話などの有形無形の「圧力」が語られることがあった。自らに課している圧力もあれば、身近な他者からの圧力であったり、自分の内側からくるものと外側からくるものに縛られるようであった。出産は母親の身体で起こるが、子育てを個人の中で閉ざすのではなく、社会の中に家族があり、家族の中に個人があることを考え、社会全体から理解していく必要がある。

二つ目は、サポートの重要性である。カウンセラーとしても個人としても、子育てという大きな変化の時期には、サポートが必要である。この研究では、実質的なサポートを両親や地域の子育て支援から得ている方が多く、両親のサポートの受けやすさや、居住地域の子育て支援へのアクセスしやすさが、重要な資源であることがうかがえた。別の見方をすれば、女性が家庭を一身に担いがちな社会背景が垣間みえたといえよう。家庭で家事や育児の分担ができるようになることや、ジェンダーに関する先入観や価値観に目を向け、その多様なあり方を示していくことは、個人レベルだけでなく、社会的に取り組む課題である。

それでは、読者は普段のワーク・ライフでどのようなサポートを実感しているだろうか。また、カウンセラーにとってどのようなサポートがあることが望ましいだろうか。次節ではカウンセラーの発達を支えるサポートについてふれていこう。

5　カウンセラーの発達を支え合うために

カウンセリング／心理療法を実践することは、一人ひとりのカウンセラーにとって意味があり、やりがいがあるのはたしかである。これまでカウンセラーの発達という観点から、ワークとライフのつながりの様相をみてきたが、日常生活で生じるさまざまな出来事（ライフ）がカウンセリングの結果に影響することが、多くの研究で示されてきた。例えば、私生活で困難を抱えていることがカウンセラーとして適切に実践が行えなくなることと関連していたり、孤立したり意欲が落ちることがカウンセラーとクライエントの関係構築と関わっていたりする（e.g. Nissen-Lie et al., 2013）。それでは、どのようにして専門家としての発達を促進し、燃え尽きを防ぐような環境を作ることができるだろうか。この章の最後に、私自身のことに話を戻し、カウンセラーである私の成長を支えてきた体験から、サポートやセルフケアについて振り返ってみたい。

まず、スーパーヴィジョンは私にとって心理的支えであり、気づきと学びをもたらし、仮説が生成される場である。カウンセリングで子どもの頃から繰り返し生命の危険を感じてきたエピソードや、人間の尊厳が失われるような話を聴くとき、自然と体に力が入るものだ。毎回の面接後のスーパーヴィジョンで、「今回のセッションはどうでしたか?」という問いかけに、力が抜け、まるごと受容される感覚がある。グループ・スーパーヴィジョンは、もう少し、チームの一員としてクライエントに会っている感覚をもたらしてくれる。「いってらっしゃい」とカウンセリングへ送りだされるとき、「大丈夫、私にはチームの皆がついている」という安心感がある。時には弱音を吐ける場があり、誰かが困ったときには皆でアイディアを出し合い、気がつくと次のカウンセリングへ希望が生まれている。

職場の同僚や長年の仲間と、自分、家族、趣味、家事、将来といったワークやライフについて語り合うことも支えである。心理臨床の実践家であり研究者である集団のなかにいると、不思議なことに、それぞれが置かれた環境でロールモデル不在の先駆者であった者が多い。傷つきや痛みをぽつりぽつりと吐露しあえる仲間は戦友である。明確な答えを求めるでもなく、日々の苦労や幸せや楽しみを語り合える仲間の存在は大きい。

仕事以外での人とのつながりでいうと、私にとって家族は人生のホームグラウンドである。家族とともに過ごす時間や、最寄り駅に降り立ったときにふきつける風を全身で受け止めるとき、体中がほっとする。なぜほっとすることが私にとってこれほどインパクトがあるのだろうか。おそらく日頃の仕事で緊張感のある任務が続いたり、力を抜けない時間帯が少なくないからだろう。そうしたことに敏感でいることもまた、自分を大切にすることにつながると感じている。また、親友とのんびりおしゃべりしたり、木々の彩りに季節のうつろいを感じたり、旅先でその土地の人々の暮らしや食事を堪能することも、日々の生活を豊かにしてくれるし、心理的なゆとりをもたらしてくれる。

ここまで私のカウンセラーとしての発達を支えてくれたいくつかを振り返ってきた。行ったり来たり、あちらこちら寄り道する私を見守ってくれる人たちがいて、私が一歩を踏み出せないときにはポンっと背中を押してくれた。また、研究を通して出会った方々と、人生の変化の時期に自己が変わりゆく体験について、そしてカウンセラーであるとはどういうことかについて考える機会をいただいた。心理臨床家の発達について対話を重ねていくことが、カウンセラーである私の大きな支えとなっている。

6　おわりに

この章では、心理職における仕事と私生活を、「心理臨床家の発達」という視点からみてきた。ワークとライフの相互作用を理解しようとすることは、自分を見つめ直し、自分に関する理解を更新し、さらには他者との関わりや他者への思いを新たにすることにつながる。このように、臨床家の成長にとって大切なのは、日々のワーク・ライフや、ライフサイクル上のさまざまな時期に起こる出来事や経験に向き合い、内省していくことである。そしてこの道のりは臨床家の数だけ存在するのだと思う。本書が、読者一人ひとりの、心理職としての人生の物語を探求し紡いでいくヒントになることを願っている。

引用文献

Gerson, B. (Ed.) (2001). *The therapist as a person: Life crises, life choices, life experiences, and their effects on treatment.* Hillsdale, NJ, UK: Analytic Press.

Guy, J. D. (1987). *The personal life of the psychotherapist.* New York: John Wiley & Sons.

金沢吉展（２００３）「臨床家のためのこの一冊〈The evolving professional self: Stages and themes in therapist and counselor development〉」『臨床心理学』3号、２９１－２９４頁

注　本章は、筆者が国立精神・神経医療研究センター認知行動療法センターに所属していた時に書かれたものであり、内容はそれまでの経験に基づいている。

日本心理臨床学会（２０１９）若手の会企画シンポジウム　若手の心理臨床化にとってのワーク・ライフ・エンリッチメン――仕事と私生活のポジティブ・スピルオーバーへ――　日本心理臨床学会第38回大会発表論文集、16頁

Nissen-Lie, H. A., Havik, O. E., Høglend, P. A., Monsen, J. T., & Rønnestad, M. H. (2013). The contribution of the quality of therapists' personal lives to the development of the working alliance. *Journal of Counseling Psychology,* 60(4), 483–495.

Rønnestad, M. H., & Skovholt, T. M. (2001). Learning arenas for professional development: Retrospective accounts of senior psychotherapists. *Professional Psychology: Research and Practice,* 32, 181-187.

Rønnestad, M. H., & Skovholt, T. M. (2013). *The developing practitioner: Growth and stagnation of therapists and counselors.* New York: Routlege.

Skovholt, T. M., & Rønnestad, M. H. (1995). *The evolving professional self: Stages and themes in therapist and counselor development.* Chichester, West Sussex, UK: Wiley.

山口慶子・岩壁茂（２０１２）「母親であることと心理臨床家であること――子育て体験と臨床活動の交差」『心理臨床学研究』29巻、７２８－７３８頁

COLUMN 2

コラム2

資格試験の苦労話

西田千尋（市役所職員）

臨床心理士と公認心理師のふたつの受験を控えた春に、私は就職をした。就職先は、心理というよりも福祉に寄った現場で、私は多くの戸惑いの中、新しい仕事を覚えることにほとんどの時間を使っていた。新しい環境での毎日は想像以上に気を使い、休日も疲労困憊《こんぱい》であった。ただでさえ仕事が遅れている新人の私に、勉強のために有給休暇をとる選択肢はなかった。

そんな中での試験勉強は、先取りしてどんどんやっていくというよりは、卒業した大学院が受験対策として渡してくれる予想問題を解いていくのがやっと、という感じだった。それに加えて、しっかりしていない私は、受験に必要な〝手引き〟の取り寄せや、受験の申し込みを十分にはできず、同級生に「もう取り寄せないとダメやで～」「何日が締め切り！」と教えてもらいながら、何とかやりこなす日々だった。あわせて新しい職場で渡される研修の大量の書類にまみれて、忙しい日々の中でこころを亡くしながらも、勉強しなければ……という焦燥感にかられる毎日を過ごしていた。そして、大学に研修生として在籍して心理の世界でカウンセリングの腕を磨いている同級生たちからの「こんな勉強会見つけたよ！」という連絡に羨ましさを感じながら。

そんな私がダブル受験に合格したのには、何人もの支えてくれる人の存在があったからである。

私は、通勤電車の中で毎日2、3問の問題を解いており、それが平日の日課だった。しかし、わからないところがあっても聞く人がおらず、心地良く揺れる通勤電車の中で、小難しい解説を読み解くのは、残業続きで寝不足気味の私にはかなりの苦行だった。そんな中、同級生が試験勉強の会をしようと誘ってくれた。ゴールデン・ウイーク明けから、大学院でゼミが同じだった仲間たち3人との勉強会が開催された。

4人で集まり、各々が自主勉強してわからなかったところを聞き合うという形で定期開催された。自分のわからないところを自分で追究していくのが億劫《おっくう》でも、仲間が困っていれば、何としてでもわかるまで考えたくなった。みんな必死で調べ、それが自分の知識の蓄積にもつながっていった。忙しいお互いの時間をせっかく共有しているのだから、無駄な時間にしたくないという思いが生まれ、勉強会に向けての自主学習も捗《はかど》った。

勉強会では、それぞれがどんな風に勉強しているかも共有した。私と年上のお姉さん同級生が、「この問題集を買ったんやわー」と話していたところに、年下のふたりが「このYouTubeのチャンネルがわかりやすいんですよ」「このアプリで問題が解けるんですよ」と教えてくれた。これは、私には思いつかなかった勉強法だった。この教えてもらったYouTubeの動画を見ながら暗記をした。そして、通勤電車では、それまで使っていた分厚くて重たい問題集を持ち運ぶことをやめて、スマホにインストールしたアプリを使って毎日問題を解いた。仲間とやる恩恵がこんなところにもあると思わなかった。

そうして勉強会をやっていると、時々、ゼミの先生が顔を出してくれた。先生も忙しいのに、私たちの質問に丁寧に答えてくれるのだ。無料講座である。先生の顔を見ると、2年間大学院でお世話になった熱い気持ちを〝合格〟という形で恩返しのひとつとして示したいというものにもなる。社会人になってなかなか先生に会えない私にとっては勉強のモチベーションのひとつでもあった。

モチベーションと言えば、自分のわからなかった問題を勉強会で仲間がいとも簡単に解説してくれたりすると、それはもう、とてつもなく焦る。その焦りが、普段仕事に追われて勉強をサボりがちの私にはすごく良かった。

焦り過ぎて不安になった時も「頑張ろう！　大丈夫！　私も不安やで！」と励まし合えるのだ。不安を皆で共有すると、また前を向いて頑張れる。それに、勉強以外でも、自分たちの仕事の話などをすることで「やっぱ資格とって、頑張っていきたいよなあ」と思い合えたのだ。

私は自分で自分のお尻を叩くのが苦手であるため、同級生との勉強会以外の時間は、夫に無理やり「何か勉強することないの？」と言い、勉強する理由を作ってくれた夫と一緒に勉強した。仲間を増やしたのだ。それでもひとりの時は、YouTubeで〝勉強動画〟というのを見ながら、見ず知らずの高校生YouTuberが定期テストの勉強をするのを横目に勉強に励んだ。

こうして私は、試験勉強期間を乗り越え、無事にダブル合格することができたのであった。試験勉強で必要なのは、支えてくれる人の存在だと私は思う。

第3章 心理臨床家のルーツ――動機と臨床実践のむすびつき

上野まどか（明治学院大学心理学部）

1 カウンセラーである前に一人の人間として

本原稿に向き合いながら、現在の私自身に至るまでのルーツを辿っている。絡まった糸をほぐしながら、何度も糸の先を見失いながら、原稿執筆依頼をいただいてから頭を悩ませているのが、「自らの経験をふり返りつつ、活字で共有できるところは語ってもらう」という依頼文である。そのように記されているからには、自らの体験を書き綴ってみようじゃないかと試みているのだが、私の経験に興味を持つ人がどれだけいるのか……、いや、いないだろう、という考えが浮かんでは溜息が出る。

本テーマで執筆依頼をいただいたのは、私自身がカウンセラーという仕事をしながら、『心理臨床家のルーツ（動機）』について研究を行ってきたからであると理解している。冒頭に述べた依頼文の内容からして、私自身の動機についても語るのが自然なことであろうが、やはり私にとって気恥ずかしい自己開示である。

それでも私自身が自らのルーツ（動機）を文字にしようとしているのは、その作業を通して、「カウンセラーはカウンセラーである前に一人の人間である」という当たり前のことを伝えたいからなのかもしれない。カウンセラーは、クライエントを中心に据えながら支援を行っていく。カウンセラーの個人的な感情や価値観が前面に出すぎることがないように留意する。一方で、カウンセラーの動機の中には、クライエントを中心に据えた愛他的な援助動機ばかりではなく、カウンセラー自身の個人的な欲求やニーズ、願望、そして時には傷つきや万能感などの側面があることも知られている。中には、自分自身が認めたくないものもあるかもしれない。その様々な動機や欲求も含めて、その人を成す一部分であることを気づき認めていくことの価値は大きいと考えている。

2　現時点での回想

本節では、私自身が心理臨床家の動機の研究に着手することになった経緯と心理臨床の職業を選んだ動機について、現在の私が回想することを綴る。次節では、心理臨床家の動機がどのように心理臨床実践とつながりを持っているのかについて探索的な研究から得られた知見をお伝えしたい。

●青年期

私がカウンセラーの動機に興味を持ち始めたのは、約20年前の大学生の時である。大学は自由な学風で人の多様性を前提としたような雰囲気があった。今でいう「合理的配慮」は、そのような表現がなくともなされようとしていたし、先生は型にハマらないユニークな授業をしていた人が多かった。多くの先生から「常識」を疑うこと、「見えること」の裏側に大事な「真実」が隠れているかもしれないこと、マイノリティの立場を想像することなど、熱量のあるメッセージを受け取り、ハッとさせられることが多かった。先生方は丁寧に学生と交流をして、学生が求めればその分の学ぶ機会を与えてくれた。

卒業論文に取り組む時期になると、私は学術的でもなんでもない自分自身の中から湧き出る純粋な疑問に基づいて、「研究」とは決して言えないほどの未熟な取り組みを始めることになった。最初に興味を持ったのはカウンセラーのルーツについてだった。というのも、同じ学部には、悩みや心の病を抱えていたりする学生が何人もいて、彼らがカウンセラーを熱心に志していたことが気になっていたのである。カウンセラーを志す人は、自分らが悩みを抱えたからこそ同じように悩んでいる人を助けたいのではないかという確信にも似た疑問が浮かんだ。他にも、自らの心の問題が解決していないのに、他人の問題を解決するなんてことができるのか、適確な判断が必要な時に公私混同してしまわないのか、個人的な動機を出発点としても、将来は専門家としてクライエントを助けられるようになるのか、という批判めいた疑問がいくつも浮かんだ。それは同時に、カウンセラーを志す自分自身への懐疑の心でもあったと思う。それを説明するために、私がカウンセラーを志した契機にも触れておこう。

●学童期

私が小学校3、4年生の頃だった。学校は生活の中心であり「すべて」であるかのように感じられた。ある時、それまで楽しく遊んでいた友達の何気ない言動に傷つくことが度々起こるようになり、心は今にも泣き出しそうな曇天の空のごとく重苦しくなった。その友達以外に仲の良い子もいなかったので他のグループに移ることもできず、ただやり過ごすしかできない毎日を過ごした。家では母親に友達との間で起きたことを話すことができたが、同時に「その子にガツンと言ってやりなさい！」等と強気なアドバイスとエールも受け取ることになった。私にとっては無謀とも言えるような内容で、出口がふさがれるような気持ちになった。私の心は一向に晴れなかった。ところが、そんな母に変化が起きた。ある時から急に、「辛かったね」と受容する言葉をかけてくれるようになったのだ。そうすると、私の心の中に積もっていた重苦しさが雲散し、視界が明るくなり、足取りも気持ちも軽くなった。やっといつもと変わらない日常が戻ってきたような安堵感が胸中に広がった。それは新鮮な感覚だった。

きき方（きかれ方）によって、これほどまで心も感覚も変わるのか！　話を聴く（聴かれる）ことがもたらす力を実感し、後日、人の話を聴く仕事（カウンセラー）があることをメディアで知った時に強く興味を持つこととなった。

余談だが、なぜ母が私の話を受容的に聞いてくれるようになったのか。どうやら母の友人が「上野さんは人によくアドバイスをするけど、アドバイスなんて求めてない、ただ聞いてほしいだけの人もいるのよ。」とはっきりと母に伝えたそうだ。私が母からそれを聞いた時に、子どもながらに「そうだ！　よく言ってくれた！」と心の中で加勢した。しばらくすると私は他のクラスメイトにも目を向けられるようになり面白そうなことをやっている友達に話しかけてみるとすぐに意気投合した。

この学童期の経験が、私がカウンセラーを志す上で大きく影響したと考えている。当時の私は「自分がそうであったように辛い思いをしている人の話を聴いて、その人の気持ちが少しでも軽くなってくれたらいいな」という動機があったと思う。意識はしていなかったが、生まれつき体が弱かったことも自分の中で起こる感覚を敏感にさせ、内向的な側面が助長されたのではないかと思う。そのような様々なことがカウンセラーという職業を選択することに関係していると感じている。

●自分自身の体験と思いを研究に乗せて

つまり、悩みや心の病を抱えていた同窓生と同じように、私自身も個人的な体験を出発点として、カウンセラーを志したのである。大学生の私にとって、そのような動機には利己的な側面が強いように感じられたし、既述したように、専門家としてクライエントの役に立つことができるようになるのか、という不安があった。この不安や疑問を直接自分自身に投げかけるのではなく、研究を通して対象化しながら解消しようとしたのである。しかし、当時はそのような自分の中の心の動きにも気づけず、ただ興味の赴くままに走り始めていた。

幸い私の個人的な体験からくる問題意識は、国内外の一部の研究者が学術的な問題提起を行っていた内容と重なっていることがわかり、大学院でも引き続き同じようなテーマで研究を行った。右も左もわからない私に、研究のいろはを指導してくださったのは、大学と大学院の恩師、また研究指導でお世話になった先生方である。ゆっくりした歩みではあったが、見守ってくださった。そのような先生方のお陰で、大学生の時より社会的・学術的に意義のある内容で研究を行えるようになったのではないかと思う。

3　カウンセラーの動機——あなたにとって大事な動機・欲求はなんですか？

では、カウンセラーを志す人は、一体どのような動機を持っているのか。私たちは他者を援助しながらも、同時にひとりの人間として何かを得ているのだ。一体何を得ようとしているのだろうか。自らの動機や欲求を探索していくことは、クライエントを支援する上で、また、私たちがカウンセラーとして、さらにひとりの人間として人生を豊かにする上でも、プラスに作用すると感じている。

●カウンセラーを志す動機

カウンセラーを志す動機には国内外の研究で共通する見解があるので、本節で紹介しよう（先行研究は、コーリィ＆コーリィ、２００４; Elliott, & Guy, 1993; Henry, 1966; Krous, & Nauta, 2005; Murphy, & Halgin, 1995; Racusin et al., 1981; 上野、２０１０、２０１３、２０２２など多数）。先行研究では、カウンセラーを志す動機を〈経験要因〉と〈動機〉の側面から広く捉えている。ここでも同様の側面から紹介する。なお、マズローの欲求階層説で示されているように人間には自然と生じる欲求があり、満たされない段階があればそれを満たそうと動機づけられる。次に挙げるものの中には、そのような自然発生的な動機や欲求も含まれる。読者自身に当てはまる動機があるか、また当てはまる動機がある場合は心理臨床や個人的な側面にどのように影響しうるかを想像しながら読み進めてほしい。

〔経験要因〕

①困難・苦悩体験

カウンセラーを志した人は困難・苦悩体験を契機にしている人が多い。例えば、両親の不和や別離、家族メンバーに心因性の症状をもっていたなど、主に原家族の中で心理的葛藤や困難を抱えていたことを示すデータは多い。他にもカウンセラーを志す人自身が、悩みや劣等感、満たされない気持ちを抱えていたこと（例：非受容体験、重要な他者から認めて貰えない）、実存的な問いを抱いていたこと（例：生きる意味がわからない、罪悪感）などが報告されている。これらの困難・苦悩体験を機として、自己の問題を解決する欲求を抱いたり、心理学に関心を持ったりする場合がある。

②対人関係上の困難

孤独感があった、いじめを受けていた、家族が機能不全であった、精神的に援助や配慮を要する家族メンバーがいた（例：情緒が不安定、親が支配的など）という場合もある。そのような対人関係上の心理的葛藤経験が、内的な世界に興味を持つきっかけになっているという見解がある。なお、一部の研究では、良好な対人関係が契機になることもあると示されている。

③援助に関連する体験

他者の相談役になって感謝された経験や家族の中で世話役割を担ってきた経験があることで、同じ役割を将来の職業において担い続けようとする場合もある。逆に他者に納得のいく支援をすることができなかった経験がきっかけになる人もいる。

また、援助職に就く親がいる、良い指導者に出会うなど、援助者をモデリングすることで、カウンセラーを志す動機が後押しされることもある。

一方でモデリングは、必ずしも肯定的感情を伴うものばかりではない。身近に非共感的・非受容的な環境（人、集団や社会なども含む）があった場合に、そのような対象への反発心や怒りがカウンセラーへの原動力になることもある。

④自他のこころの深淵に触れる体験

自他のこころの深淵をもっと探究したいと思う背景に、自他の内的世界に興味が強くなるようなバックグラウンドを持っている場合がある。例えば、既に述べたような体験であったり、自らが精神症状（もしくはそれに近い）を経験したことで抑うつへの親和性を抱くこともあったりする。

⑤巡り合わせ

例えば「他者から心理職を紹介された」「合格した学部が心理学部だった」という巡り合わせが、その人をカウンセラーへと向かわせたという場合もあるだろう。

〔動機〕

⑥援助動機

他者を理解して援助したいと望む動機は、カウンセラーを志す多くの人が挙げる動機である。多くの方が他者に対して何らかの意味のある関わりをしたいと望むことだろう。他者に何かプラスの影響を与えたいと思うと同時に、そこから自分自身が何を得ようとしているかを考えてみることは、自己理解の幅を広げ、さらには臨床実践への影響を振り返るきっかけになるかもしれない。

⑦他者との関わりから得られるもの

援助において何らかの成果をあげることで、他者から認められたい、もしくは自己肯定感を得たいと望んだり、自己の存在に意義や価値を見出したいと思ったりする場合もある。また、地位や名声、知的なイメージなど、「対人援助職に附随する権力」（堀越・堀越、２００２）に魅せられてカウンセラーを志す場合もある。

⑧自己問題解決や自己成長の欲求

カウンセラーは、専門家として成就することへの動機も高いだけでなく、家族の問題や自分自身の心理的苦悩といった個人的な問題を解決する欲求も高いことが示されている。

⑨知的好奇心

人間の心理に興味を持ち、心理学を学ぼうとする人はとても多い。その好奇心は、心理的葛藤や困難体験から湧き出る場合もある。

⑩金銭的関心

カウンセラーも生活者なので、このことについて関心を有している人は多いであろう。金銭的な関心が高い場合には、仕事の負荷や責任が重い割に、十分な報酬が得られないことに憤りを感じることがあるかもしれない。クライエントの来談によって報酬が得られる場合には、クライエントが去る時にカウンセラーの感情や言動にどのような影響があるかを考えることが推奨されている。

以上、読者に当てはまる動機はあっただろうか。

さて、次はもう一歩話を進めてみたい。カウンセラーを志す動機が、臨床実践とつながっている可能性についてである。

●志した動機と臨床実践とのつながり――訓練生の場合

次の言葉は、米国のサイコロジストおよびカウンセラーの教育訓練課程で用いられる初心者のための必読書に記されているものである。

「援助専門職を選択することによって、自分自身のどのような欲求を満たそうとしているのかを、できる限り自分に正直に見直すことが大切となります。将来、（略）あなたの動機や欲求は、あなたとクライエントの双方にとって役立つものもあれば、逆に妨害となることもあります」（コーリィ＆コーリィ、２００４、13頁）

「（訓練生が持っている）職業的期待にしろ、個人的特性や種々の動機にしろ、とにかく心理療法という仕事に人を引き入れた契機は、訓練初期に経験する多くの混乱や困難と直接的に結びつく可能性がある」（ザロら、１９８７、４頁）

ここに示されているように、本当に動機が臨床実践の中で経験するさまざまなことと結びつくということが実際に起こっているのだろうか。それを調べるために、私は研究対象の的を絞り、カウンセラーを志す訓練生の動機が、臨床実践で感じている困難と関連するのかについて検討した（上野、２０１０）。研究の協力を求めた相手は、臨床心理士養成のための大学院に通い、臨床実践経験のある訓練生である。訓練生にインタビューを行い、大きくわけて2種類の質問をした。一つ目は臨床実践において感じる困難について知るための質問である。二つ目はカウンセラーを志した動機を尋ねる質問である。もちろん協力者には、志した動機が臨床実践で感じる困難と関連するかもしれないという仮説については伝えていない。

しかし、分析の結果、志す動機と臨床実践で感じる困難との間にはいくつかの結びつきが見られた。例えば、これまでの人間関係がうまくいかず辛い思いをしてきた訓練生たちは、実践において次のような困難を感じていた。ある訓練生は、クライエントとの関係もうまく築けないのではないかと不安に感じ、クライエントとの面接が中断することを恐れていた。他の訓練生は、自分自身が悩んでいたことと同じようなことで悩んでいるクライエントに自分の体験を重ね合わせて考えてしまい、肩入れしすぎたり距離感が近くなりすぎたりしてしまっていた。またそれを自制しようと葛藤した訓練生もいることが示された。つまり、強い不快感情を伴う体験がカウンセラーの職業を選択する契機になっている場合、その体験と類似した実践場面（もしくは同じような体験をしているクライエント）に遭遇した時に、自らの体験と重ね合わせて考えてしまい困難を感じる可能性が示されたのである。この研究は、訓練生が困難に感じているということだけでなく、訓練生の個人的感情が先行してしまいクライエントへの関わり方を冷静に判断できなくなる可能性も示唆している。

他にも見られたつながりを簡単に紹介する。

・自己啓発や対人関係スキルの資質を自己認知している訓練生の場合（例：肯定的な考え方ができるように意識を変えてきた、人の気持ちを和ませるのが上手いと思っている）、自分の関わりでもってしてもクライエントや関わっている場が変化しないことで、もどかしさや苛立ち、焦り、自信喪失感などを抱くというつながりが見られた。

・「（クライエントが）変化したら自分は凄いと感じたい」「必要とされたい」など、対人希求や承認欲求があることを語った訓練生の場合、失敗を恐れ自意識が過剰になったり、思い通りにいかないと自責や不全感を感じたりしていた。

・「先生と呼んでもらえる」など権威性への憧れがある場合、自分自身の知識や経験の浅さが露顕するなど権威性が発揮できない時に、不安や恐れ、焦燥感が高まっていた。

●中堅・ベテランカウンセラーの動機と臨床実践とのつながり

読者のなかには、訓練生なら仕方がないが、中堅やベテランにもなればさすがに志した動機と臨床実践との間にはつながりが見られないのではないか、と考えた方もいるのではないだろうか。しかし、私自身も驚いたことであるが、後続の研究（上野、2013）においてもカウンセラーになる前に抱いていた動機や欲求は、中堅やベテランの段階になっても、一貫して引き続いていることが示されたのである。つまり、子どもの頃や学生時代に「○○のようになりたいな」「△△してもらいたい」と思っていたことを、それから十数年から数十年経った後も姿形を変えながら同じように求めており、それが満たされることで喜びになったり、逆に得られないことで不満や困難を感じたり葛藤したりということである。

あくまでも回顧インタビューなので研究の限界があるのだが、語りの中に一貫して引き続いている動機・欲求があるということが示されたことはとても興味深い。

このように書くと、まるでカウンセラーが変化・成長しないかのように思う人もいるかもしれないが、そういうわけでもないということは、次の事例を見ていただくとわかるであろう。

なお、事例は、協力者自身の内面の変化が詳細・具体的に語られていたものを選んだ。

〔承認欲求が一貫して語られるAさん（臨床経験15年）〕

Aさんは子ども時代に辛いことがあっても誰にも言えず、話を聴いてくれる人を求めていた。そのため、子どもの心理支援を行う領域の仕事に就いた。自分のように傷つく子どもが少しでもいなくなればと思い、勤務時間外も、業務以上のことであっても、子どものために懸命に尽くした。その働きぶりが職場から評価された時にはとてもやりがいを感じた。しかし、職場環境が変わると評価は一転してしまった。Aさんは評価してくれない周囲に怒りを感じ、疲労感を募らせていった。

このままでは良くないと思い、Aさん自身がカウンセリングを受けることにした。そこでは認めたくなかった問題に向き合った。それは、Aさんの親がAさんをありのまま認めてくれる存在ではなかったということである。そして、枠を超えてまで働いてきた背景には、子どもを助けたいという思いだけでなく、自分自身が親から認めてもらえなかった代わりに仕事で認められようと必死だったということに気づいていった。

現在も、Aさん自身の中で他の人と比較してしまい自信がなくなるなど、承認欲求にかかわる課題が継続している。一方で、Aさんが自らの課題について気づきを得るようになったことで、クライエントに対してもより無批判的に、共感的・受容的に関わることができるようになってきた。またやりがいは感じながらも冷静に仕事に取りくむようになっている。

〔情緒的なつながりを求めたBさん（臨床経験20年）〕

Bさんは家族や友人との関係で辛い思いをして孤独感を感じることがあった。次第に、人と深く繋がりたいと思うようになり、自分の苦しみを何とかしたくて心理学関連の本を読みふけった。心理臨床の仕事に就くと、親と似ているクライエントに逆転移を起こしたり、親と対照的にクライエントに深く共感しようと思うあまり自他の感情が入り混じってしまうことがあった。また、Bさんの元を去っていこうとするクライエントをつなぎ止めようと必死になることもあった。初心の頃は、そういった側面について、自分ではなかなか気づけず教育分析で指摘される度に悩みながら自分自身をセルフモニタリングする目を養っていった。

現在は、自己分析が進み、自らの幼少期からの対人関係と個人的な課題が、臨床実践にどのような影響を及ぼすかを認識するようになった。まだクライエントとの別れに喪失感を伴わないわけではないものの、以前よりも自他の感情やクライエントとの関係性において適度な距離感を取ることができるようになったという。これからは、Bさん自身の年齢的なことや個人的特性を意識して、限界を受け入れた上で仕事をしていく予定である。自らの課題はまだ残されているため、どのように対応していくかは引き続き考えていかなければならない、と落ち着いた口調で語った。

以上のように、子ども時代からインタビュー時点までの回顧インタビューの中で、繰り返し一貫して登場する同質の動機・欲求が登場しているのがわかるだろうか。それは、Aさんにとっては「承認欲求」であり、Bさんにとっては「情緒的つながり」である。AさんにとってもBさんにとっても、一貫して引き続いている動機・欲求がまるでその方の人生における選択や感情体験に作用する大きな要因であるかのようである。またそれは、その人らしさを作り上げているような「大事な」動機であると表しても良いだろう。

研究の協力者の中には、自らの生き方に作用してきた中心的な動機・欲求を自覚し、個人的課題が未解決な場合には（つまり欲求が満たされていない、こころの傷が癒えていない、何度も同じようなことで困難が生じるなど）、クライエント理解や支援に影響してしまうことを語っている方もいた。また他の協力者は、自分自身の課題に向き合い、臨床の現場ではなく個人的な生活の中で「自分を自分で満たす必要がある」、「納まり」をつける必要があるとも表現していた。

あなたの生き方に作用する動機や欲求は何なのか？　この章が読者の自己探索の旅のお供になったら幸いである。

4　カウンセラーの成長を支えるもの

先行研究や私自身の体験を通して感じることは、カウンセラーの成長は、行きつ戻りつを繰り返し、地道で、時に骨の折れるような道のりであるということである。現職カウンセラーの読者の中には、徒労感や停滞感を感じている人もいるかもしれない。それでも多くのカウンセラーは、心理支援の専門家として、またひとりの人間として成長していくことに大なり小なり動機づけられており、よりよい支援を模索する中で、また、困難を感じたときにも様々な対処や工夫をしていることであろう。有効なセルフケアとして、例えば、教育分析やカウンセリングを受けることがある。米国の調査では、サイコロジストの84％がカウンセリングを受けた経験があり、ほとんどが「役に立った」と報告している（Pope & Tabachnick, 1994）。日本ではカウンセラーがカウンセリングを受けることはまだ一般的にはなっているとは言えないが、カウンセラーが教育分析やカウンセリングを受けることが有意義な体験であることがうかがえる。また、専門的知識や経験を共有したり心理的なサポートとなるようなスーパーヴァイザーや先輩、上司、仲間がいること、さらには自分自身の体験や内面にある思いや気持ちを積極的に振り返ろうとすること、私生活上で支えになる家族や友人がいること、ストレスを減らしバランスの取れた生活を送ることなどが、カウンセラーの成長を支えていることが示されている（Coster & Schwebel, 1997; 上野、２０１３）。

5　おわりに

本章は、恥ずかしながら私自身の個人的な体験も含めて書かせていただいた。10年後、20年後の自分が改めて読んだときに、「浅いなぁ」と言っているような気もする。いずれにせよ、過去の自分も温かく受け入れることができるくらいに成長していたい。

本原稿の完成は、私の研究の協力者に負うところが大きい。協力者の中には、臨床実践においてもプライベートにおいてもクライシスの最中にありながらインタビューに応じてくださった方もいらっしゃった。過去の辛い記憶をお話しくださった方もいらっしゃった。臨床経験や自らの動機を真摯に率直に語ってくださった研究協力者の方々に改めて心からお礼を申し上げたい。

引用文献

Corey, M. S., & Corey, G.（1998）. *Becoming a helper*（3rd ed.）. CA: Brooks/Cole Publishing.〔M. コーリィ・G. コーリィ著、下山晴彦監訳、堀越勝・堀越あゆみ訳（２００４）『心理援助の専門職になるために――臨床心理士・カウンセラー・ＰＳＷを目指す人の基本テキスト』金剛出版〕
Coster, J. S., & Schwebel, M.（1997）. Well-functioning in professional psychologists. *Professional Psychology: Research and Practice*, 28, 5-13.
Elliott, D. M., & Guy, J. D.（1993）. Mental health professionals versus non-mental-health professionals: Childhood trauma and adult functioning. *Professional Psy-*

chology: Research and Practice, 24, 83-90.

Henry, W. E. (1966). Some observations on the lives of healers. *Human Development*, 9, 47-56.

堀越あゆみ・堀越勝（２００２）「対人援助専門職の基礎にあるもの」『精神療法』28巻、４２５－４３２頁

Krous, T. M. D., & Nauta, M. M. (2005). Values, motivations, and learning experiences of future professionals: Who wants to serve underserved populations? *Professional Psychology: Research and Practice*, 36, 688-694.

Murphy, R. A., & Halgin, R. P. (1995). Influences on the career choice of psychotherapists. *Professional Psychology: Research and Practice*, 26, 422-426.

Pope, K. S., & Tabachnick, B. G. (1994). Therapists as patients: A national survey of psychologists' experiences, problems, and beliefs. *Professional Psychology: Research and Practice*, 25, 247-258.

Racusin, G. R., Abramowitz, S. I., & Winter, W. D. (1981). Becoming a therapist: Family dynamics and career choice. *Professional Psychology*, 12, 271-279.

上野まどか（２０１０）「カウンセラーを志望する大学院生の動機と臨床実践で感じる困難との関係」『明治学院大学大学院心理学研究科心理学専攻紀要』15、９－26頁

上野まどか（２０１３）「心理臨床家の動機と心理臨床活動における困難および満足感との関連――志望動機のタイプ「苦悩型」と「消極型」に着目して」『明治学院大学大学院心理学研究科博士論文』

上野まどか（２０２２）『心理臨床家の動機とキャリア体験との関連』風間書房

Zaro, J. S., Barach, R., Nedelman, D. J., & Dreiblatt, I. S. (1977). *A guide for beginning psychotherapists*. Cambridge: Cambridge University Press.〔J. S. ザロら著、森野礼一・倉光修訳（１９８７）『心理療法入門――初心者のためのガイド』誠信書房〕

COLUMN 3

コラム3

育休とカップルとローン

田中翔太郎（土浦協同病院）

育休取得

子どもを授かり、配偶者と本音で話し合った結果、ふたりで産休・育休を取得することに決めた。一番の気がかりは、クライエントや御家族のことだった。産みの痛みもなく、母乳も作れない男性が、一身上の理由で休職するのは許されるのだろうか。専門家として不適格ではないか。このような不安と暗い気持ちでいっぱいだった。半年も不在にするのだから、職場や同僚への迷惑は避けられない。後ろめたかったが、自分にとって何が一番大切なのかを真剣に考える機会でもあった。結局は自分や家族をとったのだと責めるこころの声が大きかったが、それらの声にも向き合うべきなのだと思った。知識や技能がないなら、せめて魂や信念を燃やすのだという最初の決意は、自己犠牲でしか辻褄合わせができない自分を作ってしまっていた。子どもじみているけれど、みんなで幸せになれる道を探したいと思った。みんなの中に自分を含めるところから私は始めていくことになりそうだ。

幸いなことにクライエントや御家族、職場には御理解・御協力をいただくことができた。こころからお礼申し上げたい。臨床心理士の同僚や上司は真摯に話し合いをしてくれた。言いにくいこともあったと思うし、複雑な気持ちもあったと思う。どのような選択や配慮が最良になりそうか、そもそも心理士としてどのような心もちや見通しが求められているか、など。これらを丁寧に話し合えたことは本当に感謝しきれない。

育休中の育児

育休を取得できたのは非常に良かった。育児の光にも影にも触れられたのだから。我が子が可愛いのも、同じくらい憎たらしくなるのも本当だ。特に、睡眠リズムが不安定な時期はつらい。心配の前にうるさいと思った自分に失望したが、それはほんの一端だ。波長が合っている時は心底愛おしい。亀裂が入れば最悪だ。一応知識もある。他人が困っていたら何か提案できるかもしれない。でも目の前のことに全く歯が立たない。どうにかなってしまいそうだと思った。惨めだった。育児が軌道に乗り始め、我が子はあっという間に体重が生まれた時の4倍を超えた。子どもの生命力には改めて感嘆した。あれだけ下手を打ったのに、微笑んできてくれる。実は子どもの方が懐が広いのではないか。もしも何かが少しずれていたら、児童相談所や警察のお世話になっていたと思う。感染対策が騒がれる世の中であり、育児孤立や行き詰まりになっても不思議ではないと感じた。私にとっては協力してくれる配偶者や親が大きな支えだった。

心理師カップル

配偶者も私も臨床心理士だが、悪くないと思っている。最大の利点は共通の知識があるので話が分ることだ。研修のために協力して時間を作り、費用も納得できる。世間話のように話し合いができるのは本当にありがたい。互いに守秘義務を負っている安心感もあるが、漏洩しないよう情報の加工も徹底している。加工には思わぬ副産物もあって、本質と周辺情報とに注意を払うような意識も少し身に付いた。一方で困難な点は、専門職と私的な自己とのバランスだ。つまり、痛いところをわりと的確に突かれるのである。怒ったり泣いたりする自分を顧みて、二度苦しくなる。けれどもこころを丸裸にしたままぶつかり合えるのは貴重なことだと思う。確固たる他者として配偶者がいてくれるのはありがたいことだ。ほんのちょっとだけお手柔らかにしていただけるとなおよいのだが。

住宅ローン

もしあの時の自分と話せるなら言ってやりたい。お金と税金の勉強をしておけと。自己責任だし、親切に教えてくれる人はいないのだと。もともと家を持つことは考えておらず、結婚して実家に住まうものだと思っていた。しばらく想像通りの生活をしたが、親から家を建ててはどうかと勧められた。真意は分からないが、私たちのことを思ってのことだと理解している。マイホームの準備は大変だったけれど嬉しかったし、建てて良かったと思う。ありがちな話だが、物事の影の部分に無知なのがいけなかった。しかも家計管理もまともにできていないのだから、非常に好ましくない。当時の手取りのうち3割強は、35年間どこかへ消えていくことになった。水道光熱費や家具、子育て用品なども再び自分たちでやりくりすることになる。知らないではすまされない各種手続きや支払いも出てくる。どれも自分の未熟さゆえのことだった。今のところローンの滞納はない。その裏では、クレジットカードを分割払いにしなおしたり、売るものがないか必死に探し回ったりと見苦しい限りだった。何よりローンで人生の時間を差し出したために、簡単には働き方を変えられなくなったのだ。ようやく家計のコントロールも身に付き、お金と時間、人生について以前よりは見通しを持てるようになった。授業料としては高くついた。本当に時は金なりだった。来世があったら歴史から学びたい。

第4章

人生経験と心理臨床の相互作用——同感と共感を巡る考察

榊原久直（京都教育大学）

1 〝同感〟のタブーを問い直す

大学に入って心理学を学び出してから、いつかどこかで目か耳にしたことのある教えのひとつに、「心理士がすることは共感であって、同感であってはならない」という言葉がある。詳細は違えども、これに類する言葉を耳にしたことがある人は少なくないのではないだろうか。おそらくこの教えは、例えば自分自身も不登校を経験したことのある学生が、不登校の状態にある子どもの気持ちがわかる、不登校の支援者に向いていると思う……といったことを口にする際に、それをいさめるために用いられる言葉であったように思われる。確かに、かの有名なカール・ロジャース（１９６６）によれば、〝共感（empathy）〟は相手の立場に身を置いて、相手の価値観のもと、相手の気持ちに思いを巡らせることを指す。これに対し〝同感（sympathy）〟は、相手と同じ気持ちになるという意味の言葉である。こと日本語においての同感は、相手の意図や感情に積極的に同意や賛同を示す際に用いられる言葉であり、自分の価値観のもとで生じた自分の意図や感情が、相手の意図や感情と同じであるように感じているという点で、共感とは区別される現象を指しているといえるのかもしれない。たしかに自分の価値観に基づき、相手も同じように考えているはずだと考えることは、相手の個別性を無視した姿勢といえ、共感的な姿勢を阻害する態度であろう。けれども私たち心理士がひとりの人間として経験する私的な人生上の経験は、はたして本当に臨床実践に肯定的な影響をもたらすことはないのだろうか。ここでは筆者の私的な体験を基に、この点について立ち止まって考えたいと思う。

2　子育て支援、心理・発達支援に携わる心理士の子育て体験

筆者の私的なエピソードをいくつか紹介する前に、まずは少しだけ筆者の位置づけを紹介したい。私は大学生の頃に障碍《がい》のある子どもとそのきょうだい、家族らにとっての地域の居場所となるような場所を作るという理念のボランティア活動に出会い、それがきっかけで以降も、就学前の療育活動や、町の小児科での心理臨床活動など、主に子育て支援や子どもの心理・発達支援の領域で実践や研究を行う心理士として臨床を営んでいる。中でも、家族や周囲から人が嫌いだと思われていたある自閉症の男の子と共に過ごした数年間の日々や、障碍のある子どもを抱える母親らへの愛着理論に基づくグループ支援の経験から、〝関係性の中で子どもは育つ〟という関係発達臨床の視点や、愛着理論、精神分析的心理療法の視点に関心を抱きながら臨床活動を続けている。またこれらの背景には、私自身が子どもの頃に持病を発症し、よく熱を出しては数週間からひと月ほど寝込むということを繰り返し、家族に心配や迷惑をかけたり、思い通りにならない自分の身体に歯がゆい思いを抱いてきたこともあるのかもしれない。

こうして非常勤職を含めれば5年間、学部生時代のボランティアを含めれば10年間ほどの臨床実践の中で、妊娠・出産を巡るさまざまなトラブル、産後うつ、育児不安、子どもの発達を巡る不安、障碍受容を巡る苦しさ、子育てと仕事の両立の難しさ、子どもを巡るさまざまな関係性における怒りや不満など、多様な育児を巡る養育者の苦悩や喜びに触れ、私なりにそうした体験に共感的に援助を行ってきたつもりであった。

そんな私も26歳の終わり頃に結婚し、新しい家庭を築きながらの臨床生活を始めることとなった。ここからは

そうした新生活での体験をいくつか紹介しつつ、私生活と臨床生活とのつながりについて振り返りたい。

エピソード1　妊娠期の記憶

結婚し、夫婦それぞれが新しい職場で数年間を過ごし、30歳という節目まで2年を切る中、30歳までに子どもを授かりたいと夫婦で願うようになる。けれども数ヶ月、半年、更に……と月日が過ぎゆくにつれ、大きかった期待感は徐々に不安や焦りに塗りつぶされていった。

1ヶ月ごとに訪れる妻の生理の一回一回がどこか流産のように感じられ、大切な何かを失った感覚を繰り返し抱くこととなった。暦が変わることが待ち遠しいようであり、怖くもあった。

そんな中、お互いに口にはできないが、自責的な思い、他責的な疑念が込み上げる瞬間が確かにあり、そんなことを心のどこかで感じてしまう自分が嫌になることもあった。

自分に持病があるからだろうか、薬を飲んでいるからだろうか……、そもそもこんな体の自分が子どもを望んでいいのだろうか……、もしも子どもに遺伝したら……。そんな呪いのような自問自答に、独り身悶えする夜もあった。

しかしある月、検査薬の結果を夫婦で見た瞬間のその喜びは、これまでのすべての苦悩を吹き飛ばすものであった。

子どもを授かるということについて、それまでの私は当たり前のことのように思っていたのかもしれない。無論、不妊や不妊治療といった言葉を見聞きしたことはあったし、ケースの中でそういった話題が出たこともなかったわけではない。けれども振り返れば、望んでも新しい命を授かることのできなかったこの月日を過ごすまでは、どこか自分の人生からは切り離された事象であった。こうした不安や苦悩を、自身や大切な人そして世界への呪詛《じゅそ》を、そのすべてに報いるだけの大きな喜びを、それまでの私はカウンセリングの中でどれほどの熱量と質感を伴って感じとることができていたのだろうか。そんなことを振り返らせてくれた体験であった。

母子臨床の知見としてよく語られることであるが、母親は胎児をその身に宿しながら我が子との一体感に包まれ強い幸福感を抱くという。他方で、子どもが期待通りに宿らないということに直面した時に生じる感覚は、繰り返す喪失体験であり、同時に身体的なレベルで自尊感情が傷つけられる体験にもなりうるだろう。

エピソード2　出産時の記憶

妻はつわりに苦しみ、私は妻が長い時間トイレに行く度に早期流産の不安にかられ……という落ち着かない妊娠初期を乗り越えてからは、比較的安定した妊娠期だったようで、息子はお腹の中でスクスクと育っていった。

しかし出産予定日の４日前、陣痛が来ないまま妻が破水し入院することになったと通勤の電車の中で連絡を受ける。慌てて乗り換えの際に電話をかけるも、助産師をしている妻は落ち着き払っており、心配はないし、まだまだ産まれないと言うが、どうにも仕事が手につかず、妻の居る他県の病院へ行ってしまい、苦笑されることとなった。

大きなお腹を抱える妻と病院の階段を何度も何度も上り下りしても陣痛は一向に強まらず、破水から２日、３日と経ち、促進剤の処置を受けるも、お産に至ることがないままその日は断念することとなった。それでも時折強い痛みを訴える妻の腰を押しつつ、ふたりともほとんど眠れない夜を病室で過ごした。

翌日、促進剤を限度まで使いつつ、タイムリミットが迫る中、吸引を少し使いつつ、どうにか無事に誕生の時を迎えることができたのであった。

〝十月十日〟とよく言うが、それよりもずっとずっと長い日々を、子どもの健やかな誕生を願って過ごしてきた妻。十数年一緒に過ごしてきた中で一度も見たことがないほど〝必死〟にお産に挑んだ姿。ひとりの子どもがこの世に生れ落ちるまでに、これほどまでの愛があったのだという事実に、母親の愛の強さと重さを痛感する体験であった。

この世に生れ落ちた私たちにとって、実は妊娠初期に15％の確率で、すなわち6、7人にひとりの確率で初期流産と呼ばれる自然流産が生じるという事実は、おそらく妊娠を経験してから知ることになる恐ろしい情報であろう。これは文字通り自然に生じる現象であるとされ、喫煙や飲酒といったリスクを高める要因はあるものの、可能性をゼロにすることは残念ながらできないものでもある。けれども親たちは、お腹に宿るわずか1センチ足らずの小さな命を守り育むためにと、大好きなコーヒーを控えたり、葉酸や鉄分の入ったグミを毎日食べたりと、さまざまな努力を日々積み重ねていく。それはどこか〝祈り〟に似た行為である。

そしてこの静謐《せいひつ》だった日々の営みは、陣痛や破水といったお産の始まりのサインと共に大きく変化することとなる。出産の痛みは鼻からスイカが出るくらいだ……、痛みに弱い男性では絶命するほどの痛みだ……など、その大変さは口々に語られているが、男性である筆者はそれを直接体験することはできず、痛みに苦しむ妻の腰を言われるがまま腕の感覚がなくなるほど全力で押し続けるといった形でしか分かち合うことはできなかった。けれどもあの時傍で見た妻の姿は、〝命がけ〟という言葉がまさに当てはまるものであり、命を賭して産もうとする能動性がそこにはあった。決して赤ちゃんは自然に生まれてくるものではなく、妊娠を願う頃から始まる長い月日の中の小さな努力の積み重ねの果てに、出産という生死の狭間の中で望まれて生まれる存在であるのだろう。

私たちは誰しも自分が生まれた時の家族の体験を直接は共有することができない。物心がついてから、家族に教えてもらって当時の様子について耳にすることがもっぱらであり、中にはお産場面の映像が残されている家族もあるかもしれないが、いずれにせよ、伝聞での追体験という限界があることには変わらないだろう。また、カウンセリングの中では、虐待臨床や障碍臨床の中で我が子を愛おしく思えない日々に苦悩する親の語りや、自身の存在価値や親からの愛を感じられずに嘆く子どもの語りを耳にすることも少なくない。けれどもひとつの命の誕生の場面の裏側には、その子の誕生を願う、時に小さく穏やかな、時に激しく苛烈な祈りがあったのかもしれない。それはセラピストである前にひとりの人間である自分自身や、そしてカウンセリングの中で出会う養育者や子どもたちひとりひとりの知らない（もしくは忘れられがちな）人生の大切なプロローグである。

エピソード3　新生児期の記憶

予想外の難産ではあったが、出産から数日が経ち、妻と子が無事に退院することとなった。里帰り出産であるため、電車で2時間弱の移動を週末毎に行う予定だったのだが、退院からわずか数日後、仕事が始まる直前に妻からＬＩＮＥのメッセージが届いた。退院後の経過観察の結果、退院前から少し懸念されていた新生児黄疸の数値が、その後もあまり下がっていなかったため、息子が入院することになったとのメッセージであった。

それを見た瞬間、私は心臓を鷲掴みにされたような、不安や心配という言葉では収まらない、〝言葉にならないこわさ〟を感じ、居ても立ってもいられず妻に電話を掛けた。

新生児黄疸は意外とよくある事だし、光線治療を受ければ、そう心配する必要もないものだと、妻から説明を受けるが、あれやこれやと質問をしても気持ちのざわつきはなくならず、妻を責めるつもりはどこにもないのに、声は冷たくとげとげしくなってしまっていた。

その日のうちに病院に駆けつけ、息子のすやすやと眠る姿にほっと胸をなでおろす。疲れた表情ではあったが妻にも笑顔が浮かんだ。

改めて妻に経緯を聞くと、一日でも退院してしまうと産科では入院できない規則になっており、小児科で入院しなければならなかったとのことであった。それなのに、新生児用の設備は十分でないため、オムツなど必要な物は自分たちで用意しなければならないとのこと。更には、小児科の光線治療の器具は重症患児で埋まっており、服の内側に光の出るパックを差し込んで片側だけ光を当てるという簡易用の物しか息子には提供できないとのこと……。

規則だろうし、そもそもそれほど心配するほどの話でもないのだろうし、心配なら転院してもよいだけの話なのだ……と、頭ではではわかっていつつも、子を守る野生動物ではないが、病院側の対応に対して、殺気立った思いと、泣き出したいような思いがどうしても胸に込み上げてくるのであった。

〝居ても立ってもいられない〟という言葉があるが、妻からのLINEのメッセージを目にした時、電話で入院が必要になったことについての説明を受けた時、最善とは思えない治療の様子を目の当たりにした時など、この時の私が感じた感覚は、まさにこの言葉が当てはまるような体験であった。いや、それはこの時に限定されるようなものではなく、我が子の怪我や病気を目の当たりにした時の心配や怒り、愛おしく感じるやりとりの中での胸のときめき、思い通りにならない我が子に込み上げてくる怒りなど、子育ての中では日々どうにも抱えにくい感情に突き動かされることが多いようである。それはある時は胸を締め付けられたり、掻き乱されたりするような痛みであり、またある時は身を焦がすような激情であったりした。

3　体験から学ぶこととそのリスク

妊娠・出産を巡るさまざまなトラブル、マタニティー・ブルー、育児不安、我が子の発達を巡る不安やそれを認めることの苦しさ、子育てと仕事の両立の難しさ、子どもを巡るさまざまな他者との関係性における怒りや不満……など、私自身、ひとりの親として多様な感情を体験する機会を得た。こうして身近な単語を用いて形容してしまえば、それらはセラピストとしてかねてからカウンセリングの中で繰り返し見聞きしてきたエピソードと同じ言葉で形容することができるものであったが、そこに内在されていた〝当事者〟としての体験は、それまでに自分が想像していた、言い換えれば、共感してきた（つもりになっていた）ものよりも、はるかに重く、抱えづらい感情体験であった。

それは〝感情〟と呼ぶほど分化した、自覚とコントロールがしやすいものではなく、もっと未分化で身体的な感覚に近いものであり、〝情動〟と呼ばれる感覚であったのかもしれない。そしてこれらの体験が身体的な、情動的なものであるがゆえに、その体験は知的な理解だけでは捉えがたいものであった。

そしてこうした私的な体験を得ながら親子の心理臨床に携わってゆくと、面接の中でふたつの変化が生じたことを記憶している。ひとつは、面接の中でそれまでのテンポと比べてやや早いペースで頭に「もしかしたらこの方も（私と同じで）、〇〇といったことを感じられたのかもしれない」といった〝理解〟がよぎるようになることであった。そしてもうひとつは、クライエントの語ることや語られないことを受けて、セラピスト自身の身体的もしくは情動的な反応が生起しやすくなったということであった。

もちろん、こうした自身の感情体験が、不妊治療や流産を体験した養育者の感情体験であったり、産後うつの体験であったり、子どもの障碍受容の困難さといった、当事者たちの体験とイコールであるわけではない。それゆえ前者の変化やそれによって得られる〝理解〟は、1節で述べたような一般的な意味での〝同感〟による、共感不全へと陥る危険性を孕むものであることが考えられる。あくまでも私の体験したものは、私というこころと体と、歴史の上で浮かび上がったものであり、目の前にいるクライエントという個人の体験とは別個のものであることを忘れてはならない。セラピストの個人的な記憶や、それに基づく知的な理解は、共感的理解とは必ずしも一致するものではないのである。

その一方で、後者の変化によって生じるようになったセラピストの情動的な反応はどのように理解することができるだろうか。このことについて検討を行うために、少しだけ心理学の今日的動向について目を向けたいと思う。

4　個人としてのこころから、関係性の中のこころへ

心理学の世界では1900年代の後半頃から、さまざまな領域において〝こころ〟であったり〝主体性〟なるものの成り立ちやその発達や変化を巡って、その捉え方に大きな転換が生じたとされる。

例えば発達心理学では、子どもだけを対象とした実験・観察に基づく能力的な発達の知見を基に子どものこころや主体性の発達過程を捉えていた従来の流れに対して、そういった子どもの発達の背景にある、周囲の他者との関係性や環境との相互作用やその歴史の積み重ねにも目を向け、関係性や環境から切り離した〝個〟としてではなく、〝関係性の中の個〟として捉えるといった潮流が国内外においてみられ始めた。その中では、人の〝こころ〟や〝主体性〟の成長、ひいてはさまざまな能力の発達は、自分自身の〝主体性〟を大切にしながらも、目の前の相手の〝主体性〟を尊重しようとする関係性（相互主体的な関係性）の中において生じるものであると考えられている（小林・鯨岡、2005など）。また、そうした関係性の中において、自分の主体と相手の主体を重ね合わせる時、情動の舌を伸ばす時とも呼ばれるが、そうした瞬間にこそ、〝わかる〟という現象が生じるということが指摘されている（鯨岡、2006）。

臨床心理学に目を向けても同様に、〝一者心理学（one-person psychology）〟から〝二者心理学（two-person psychology）〟への転換と呼ばれるパラダイム・シフトが生じてきている。前者の立場は、個人としてのクライ

エント（のこころ）に対して、別個の存在であるセラピストが中立的に、クライエントの情動から隔たった道具である空白のスクリーンとして独立して存在しながら、聴き、考え、解釈をするというセラピー観であり、〝こころ〟や〝主体性〟の捉え方であった。これに対し後者の立場では、クライエントの〝こころ〟や〝主体性〟なるものは、面接の場を共有するセラピストの〝こころ〟や〝主体性〟と絶えず相互作用をし合って形作られるものであり、両者は情緒的に〝共にある〟という捉え方である。それゆえ、セラピストは聴き、考え、解釈をするだけでなく、クライエントと共に感じ、同一化し、共感し、情緒的に触れ合うものであると考えられるようになった（ブランク、2013）。これまで共感的理解を阻害する要因としてであったり、セラピストの中立性を損なう要因として捉えられていたりした、セラピストの中に生じる思考や感情、情動といったものが、必ずしもそういった負の影響をもたらすものであるわけではなく、それを吟味し、関係性の中でセラピストのこころになにが注ぎ込まれているのかを考えることで、クライエントをより深く理解することが可能になるといったことが注目されるようになってきている。

これらふたつの動向は、共通する示唆を多分に含んでおり、こうした理解に基づけば、クライエントやセラピストを含め、私たち人間の〝こころ〟であったり、〝主体性〟なるものは、個人として単独であるのではなく、否応なく相互作用し合うものであり、その相互作用によって形作られ、その相互作用の中で〝わかり‐わかってもらえる〟ものであるといえるだろう。そしてこの相互作用の積み重ねの中で、時に成長・発達し、時に傷つき、そしてまた回復していくものなのかもしれない。

5　同感と共感の区分を超えて

このような理解に基づいたうえで、第3節にて述べたセラピストとしての私の後者の変化について振り返ると、それは無自覚的な変化であったものの、まさにセラピストとしての私と面接の場を共にするクライエントの互いの〝こころ〟や〝主体性〟の在り方に変化が生じたことによるものであることが考えられる。セラピストが自分自身の感情や考えを捨て去って、ただただクライエントの感情や考えを理解しようとするのではなく、自身の存在を介してクライエントを理解しようとし、自分の主体と相手の主体を重ね合わせることによって両者の間に通底した〝こころ〟が、面接の中で私が感じた自分自身の身体的もしくは情動的な反応を生じさせたのではないだろうか。

これは初めに述べた狭義の〝同感〟とも、また臨床の基礎として掲げられてきた〝共感〟のいずれとも異なるものである。それは、セラピスト個人のものでもクライエント個人のものでもなく、両者が持つそれぞれの歴史と、ふたりが作り上げてきた関係性の積み重ねのなかで、あたかもふたつの音叉が響き合うようにして生じた、〝共振〟としての同感と呼べるものであろう。

そしてこのように考えた時、私たち心理士がひとりの人間として経験する私的な人生上の経験は、面接室の中でクライエントと共にあるもうひとつの存在であるセラピストの主体性を育む大事な契機であるといえる。そしてそのさまざまな人生上の経験をひとりの人間として味わい、振り返り、そして時に誰かと話し合い、分かち合うことは、その契機をより確かなものとする大切な営みである。同時に、その営みを通して〝自分自身〟と出会うことが、ひいては自分自身の主体性を通してしか感じ取ることのできないクライエントの〝こころ〟の理解に繋がるものであると考えられる。その意味で、心理士の私的な人生上の経験は、臨床の上で肯定的な影響を生み出す可能性を秘めているのではないだろうか。

もちろん、私たちが日々向き合うことになるクライエントの〝こころ〟も、そして私たち自身のうちにある自身の〝こころ〟も、そのいずれもが目で見て、手で触ることのできないものであり、どんなに誠意を尽くしても、完全に〝わかる〟ということはできないし、共振するようにして感じ取った〝こころ〟の断片が、（そもそも完全な〝個〟としてのこころは無いという前提に基づいているため、この表現そのものが矛盾を孕むのだが）セラピストのものであるのか、クライエントのものであるのかを同定することはできない。そのため、どこまでいっても人が人をわかるということには〝あたかもわかったように感じられる〟という限界が存在するが、その限界を謙虚に受け止めつつ、自分自身とクライエントの〝こころ〟に目を向けようとする努力は、私たちの臨床の質的な向上に寄与する大事な営みではないだろうか。その意味では、心理士が自身の体験を臨床に役立てられるか否かは、それ以降の自分自身の努力にかかっているといえるだろう。そんなことを思いつつ、私は今日も家事や育児に七転八倒しながらも、面接室の中でクライエントと共にあろうと試行錯誤しつづけている。

本章では、子育て支援、心理・発達支援に携わる心理士としての筆者が、妊娠、出産という体験を通して得た学びや気づきに焦点をあてて、心理臨床家の私的な人生上の経験の持つ意義について検討を行ってきた。けれども心理臨床の世界には多様な領域があり、そして人が人生の中で経験することもまたさらに多様であり、そのそれぞれの組み合わせは無限にあるといってよいだろう。第二部では、そんな組み合わせの中から、私たち若手心理臨床家にとって出会うこととなる重要な臨床テーマについて、それぞれの臨床家たちの人生経験との相互作用について、より具体的な検討を示すことができるであろう。

引用文献

ブランク、ガートルード（2013）『精神分析的心理療法を学ぶ――発達理論の観点から』馬場謙一監訳、金剛出版
小林隆児・鯨岡峻（2005）『自閉症の関係発達臨床』日本評論社
鯨岡峻（2006）『ひとがひとをわかるということ――間主観性と相互主体性』ミネルヴァ書房
ロージァズ、カール（1966）『サイコセラピィの過程』ロージァズ全集第4巻、伊藤博編訳、岩崎学術出版社

第二部

さまざまな領域で働く若手臨床家のワーク・ライフ

第5章

大学教員のワーク・ライフ——多様性を包摂する社会に向かって

鈴木華子（立命館大学）

1 はじめに

流れ続ける時の中で、私たちは人生に起こるさまざまな出来事を振り返ったり、湧き上がってくる感情に折り合いをつけたりしながら生きている。臨床家であれば、特にその傾向があるのではないだろうか。たとえきちんと片付けたつもりの出来事や気持ちでも、人生のタイミングや置かれている状況によって意味づけや感じ方は異なる。そんな中でひとつだけ言えるとしたら、昨日の自分も、明日の自分も、好きな自分も、嫌いな自分も、すべてが自分であって、その時々の自分がもっている意味や感覚そして自分自身を認めながらも、変わり続けていってもいいのではないかということである。

２０２０年。国内外を駆け回って仕事をすることが私の当たり前の生活となっていたところに、コロナウイルスの感染拡大が起きた。ひとつ、ふたつと出張の予定がキャンセルされ始め、そして、その年に予定していた海外出張七つすべてがキャンセルとなった。ひとつの移動から次の移動へ、ひとつの会議から次の会議へ、スーツケースの中身を変え、手に持つ資料を変え、移動中に資料作りをしたり足りない睡眠を補っていたりした生活から半ば無理矢理に引き離された。毎日に、毎時間に、毎秒に追われ、とにかく走り続けなければならないと自分で自分にかけていた呪縛から逃れ、一年のコロナ禍に、私は一旦立ち止まり、そして、自分の人生を振り返る時間をもらった。失敗もたくさんしてきたし、後悔もたくさんあるし、違うやり方があったはずだと思う出来事も数えきれない。それでも、動けなくなる自分を奮い立たせ、前を向く努力をしてきたと思うし、それ以上に、多くの人に支えられて、多くの人に背中を押されて、今ここに今日の自分がいる。今までの自分の人生を変えるかと聞かれたら、私はきっと変えないと答えるだろう。

2　家族の介護と仕事の両立

私は、社会的公正の視点を持ち多様性を包摂する多文化カウンセリングを実践しながら研究を遂行し、それらの成果を社会に発信できる場所で働きたいと切望し、博士号取得後、念願がかなって多くの留学生が在籍する大学の留学生センターで助教となった。私が修士号を取得したアメリカの大学院は社会的公正に重点を置いていたため、カウンセラーの役割は面談室でクライエントに向き合うことに加えて、社会で周縁化されやすい人たちが生きやすくなるよう社会に働きかけることでもあると繰り返し教えられていた。そのため、着任した大学では見えにくい存在となりやすい留学生が健康を保って修学できるキャンパス環境を作りたいと必死だった。仕事にやりがいはあったし、やりたいことをやらせてもらえる環境ではあったけれど、自分が走り回っているだけでは多文化カウンセリングの視点を持った人材が増えない限界にも気づき始めていた。自分ひとりでできることが限られているのであれば教育現場で次世代を育てたい、という思いが次第に募っていった。家族の病気が発覚したのは、私が転職に向けて動き出し、そして、さまざまなことがすごいスピードで進んでいる最中だった。

転職というものは、きっといつの時代も、どんな場所であっても大変なものなのだと思う。公募書類の最終確認をしている頃、勤務先の大学ではテニュア審査が始まろうとしていた。通常業務に加えて、それらが同時に進んでいる中で、ようやく重い腰を上げて臨床心理士試験を受験した。そして、応募した大学から面接の連絡を頂いてから数日変わらずしての家族の病気の発覚だった。いま思い返してみても、どうやってそのひと月を乗り切ったのかを思い出せない。その後、面接に伺い内定を頂いたのであるが、さまざまな決断を迫られる中で、思いつく限りのことを想像した結果、失礼を承知で頂いた内定をお断りしようという結論に至った。内定を下さった大学には、家族の現状を正直に話し、介護が必要になる可能性もあり得る状況での異動は現実的ではないことをお伝えした。結果としてその大学への転職を決めたのであるが、きっかけは対話をしてくださったことだった。進んでみようと決心するに至った一番大きな理由は、その対話の中で介護休業の話を出してくださったことだった。

転職してから、関西と関東を往復する生活が始まり、最初に諦めたのが本務外で臨床現場に立つことだった。本務では臨床実践に携わらないため、この選択をすることで臨床から離れ、自分の臨床家としてのスキルや勘が鈍ることがすごく怖かったけれど、家庭もクライエントもいつ急な対応が迫られるかわからない状況で、クライエントに迷惑はかけられないし、かといって、私の性格上、目の前のクライエントを放って家族の対応をすることもできない。臨床をすることで自ら身動きが取りづらい状況を作り出してしまうことを考えると、初めての授業が多い新しい職場では、まずは教育活動に専念できる環境を作ることが先決だと考えた。また、すでに進行している共同研究や、引き受けている学会の委員等の仕事をきちんとこなすことが次の優先項目であろうと考えると、異動によってすべてのケースを終結させていたその時が臨床から一旦退くタイミングだった。それまでは依頼される仕事を断ることはあまりしなかったが、少しずつ断ることが増えていった。意識的に仕事量を調節するようにしても、新幹線を使って往復をしながら、仕事と介護を両立する生活は想像以上に大変で、最低限の仕事と介護以外の予定はほぼ入れず、余暇を削り、研究活動も縮小していった。

転職から一年が経った頃、仕事を削れるところまで削っても、火曜日の午後から金曜日の午前は関西で仕事、金曜日の午後から火曜日の午前は関東で介護と遠隔業務という生活に限界が見え始め、秋学期から介護休業を取りたいと学部に相談し始めた矢先に、状況が急転した。家族の病状が悪化し、主治医からできるのであれば仕事は調整したほうがいいかもしれないと告げられたのである。急いで大阪に戻り学部と相談したところ、介護休業だと申請から承認までに時間がかかるため、代替の先生さえ見つけられれば、学期の途中であっても有給休暇で対応してくれるとのことであった。関西圏の知人に相談したところ、翌週から授業を担当してくれる先生を紹介してくれ、学部も早急に任用手続きを行ってくれ、2日足らずで代替の目処を立てて関東に戻ることができたのである。そのおかげで、家族のことだけを考えればいい環境の中で、私は家族と最期の時を一緒に過ごせ、大切な人を送り出すことができた。臨機応変な対応をしてくれた学部、代替教員を探してくれた知人たち、引き継ぎすらなく代替で授業に入ってくれた先生たち、そして、それをサポートしてくれた同僚の先生たちには、本当に感謝してもしきれない。あの転職活動の時に違う選択をしていたら、この状況には至っていなかったかもしれないと思うと、人生とは不思議なものであると思うと同時に、人の縁に恵まれていることへの感謝の気持ちを常に持ち続けていたいと思う。

3　家族の介護に伴う諸問題

家族の介護は、見通しが立たないことが実に多い。仕事と家族のケアを両立していると、日常生活において急な対応を迫られることが多く、仕事もしくは家族のどちらかに負担をかけることが突発的に起こるという点では育児も介護も共通しているだろう。しかし、育児と介護で大きく異なる点があるとすれば、育児ではある程度ライフイベントや手のかかる時期の見通しを立てることができるが、介護では病状や介護度の経過を予測しにくく、見通しが立てづらいというところである。また、少しずつ子どもが手から離れていき負担が減る育児と比べると、介護では負担が増えたり先が見えなかったりすることも多く、さらには、手が離れることは必ずしも疾病や怪我からの回復でないこともあるため、それを望むことすら憚《はばか》られるのである。さらに、育児では親の年代が近いこともあるからか、周囲と情報交換や相談がなされているように感じるが、介護の話が表立って交わされることはまだまだ少ないように思う。「平成28年社会生活基本調査」(総務省統計局、2017)によれば、15歳以上で家族を介護している人は698万7千人もいるにもかかわらずである。

近年、介護をめぐって、家族社会学の分野では、仕事との両立やそれに伴う困難、介護離職による経済的困窮、家族の多様化と今日の社会保障や介護サービスの限界、家族の孤立、期待される性役割と現実の役割の差等の課題が挙げられている(岩間・大和・田間、2015)。在宅介護と就労の両立については、川角(2016)が子育て制度と比較しながら検討しており、通算93日までが保障されている介護休業の利用限度期間が、現状の平均介護期間とされる4年11ヶ月と合致していないことや、介護保険法によって利用できる介護サービスは、利用者のニーズを優先していたり、家族の介護負担を軽減するための側面が強かったりしており、介護者の就労継続を後押しするためのサービスとなっていないこと等を挙げている。さらに、近年では、晩婚化が進んでいることもあって、育児をしながら介護を同時に担うダブル・ケアを行う者の推計人口は25万人となっており、うち有業者の7割が就業継続を希望し、無業者の6割以上が就業を希望している(株式会社NTTデータ経営研究所、2016)。加えて、事業所が介護の問題を抱えている従業員がいるかどうか把握する方法として一番多かったのが自己申告によるものであり(厚生労働省、2020)、介護者が職場に自ら話さないといけない状況があることがうかがえる。少子高齢化が続き社会保障にも限界が垣間見える中で、在宅での介護を希望する場合に、介護者が柔軟に就労を継続でき、介護家族を孤立させない仕組みや制度の整備が必須となってきている。

家族の介護には制度や経済的な困難に加えて身体的・精神的負担もあり、負の側面が取り上げられることも多いが、同時に、肯定的な意味づけや価値を見出したり、介護することができたという満足感があったりという側面もある。例えば、在宅移行期にある同居家族の介護者の生活に焦点を当てた研究では、病人が家に帰ってきてから、介護と仕事や家事の両立に追われ、世話をするという現実や命と向き合い、他人の支援に抵抗を感じたりしながらも、「新しい自分の生活が回り出す」という感覚を手に入れるプロセスを捉えている（長江、２００６、23頁）。また、終末期の在宅がん患者の家族の体験に関するレビュー論文では、在宅療養での介護では不安や負担、強い身体的・精神的な疲労を感じたりするものの、看取り後には、介護をやり遂げたことによって悔いが残らず、満足感を感じたり、家族関係が再構築されたりすることが描かれている。（吉田、２０１６）。介護とは、生活を送れるようにするためだけにあるものではなく、命と向き合う作業である。人は皆いつか死ぬわけで、大切な人と別れなくてはいけない時はやってくるのであるが、その時に後悔が残らないようにできるだけのことをしておくことは、介護者のその後の人生にとって重要であるように感じる。すべての介護に価値や満足が伴うわけではないが、大変さの中にも一部ではこのような前向きな側面もあるのである。

●働きやすさとは何か

介護をしながら就労を継続するには仕組みや制度の整備が必須であることは前述したが、それ以前に、そもそも「働きやすさとは何か」ということを考える必要があるように思う。以前に、女性教員が必要な場面で、「女性だから」という理由で仕事が回ってくることに違和感がありながらも、なんとなく独身だから身動きが取りやすいでしょうという暗黙のプレッシャーを勝手に感じ、さらにお断りする適当な理由が見つけられず引き受けてしまい、一方で子どもがいるのでと言ってお断りしている人を見て、結局は私に続けて負担が来ることを快く思えないという経験をしたことがあった。当時は、結婚や育児を個人の選択肢のひとつと考えていたため、私には私が選んだ人生があることを軽んじられているように感じたし、選択したライフスタイルによって仕事の負担が変わることに違和感もあった。しかし、家族の介護を通して、この見方が少し変わった。ある人は子育てで、ある人は介護で、ある人は疾病で、ある人は怪我でと、早かれ遅かれ、人生にはどうしても互いに頼らないと乗り越えられない壁はやってくる。自分が頼った人に、頼った分を返せるとは限らないし、逆も然りで、自分が誰かに頼らなくてはいけない時、以前に仕事を代わりに引き受けたからといって頼らせてもらえるとも限らない。だからこそ、できる人ができる時にできることを引き受けていけば良いと思うし、それこそがこの社会にみんなで共に生きていくということなのではないだろうか。

「令和2年度学校基本調査」(文部科学省、2020)によると、大学における女性教員の割合は25・9%となり、過去最高の値となった。女性教員数は助手から教授までどの職階をとっても伸び続けているものの、その割合を見てみると、助手は58・4%、助教は31・6%、講師は33・2%、准教授は25・7%、教授は17・8%となっている(文部科学省、2020)。これらの数字からわかるように、大学における女性教員は未だ4人に1人であり、職階が上がるにつれ女性の割合は減り、男女比に不均衡が生じている。会議や委員会等を含む大学の運営業務に多様な人材が関わることが重要であるのは言うまでもないが、そのために全体の男女比以上の女性をそれらの業務に充てようとすれば、女性教員への負担が増してしまうことは一目瞭然である。また、近年では、男女以外の性自認を公表している教員がいるにもかかわらず、この統計ではその人たちの存在が見えなくなっていることにも触れておきたい。大学という場所は、学問を教授し研鑽する場所であると同時に、学生が広い社会に出る前に社会に生きる人として大切なことを学ぶ場でもある。多様な背景の教員がいることにより、多様な学生が安心して学ぶことができ、そして、その身の回りにある多様性が当たり前と感じられる環境で学んでこそ、多様性を尊重できる人材が育ち社会に羽ばたいていくのである。そのためには、大学という場所で多様な人材を育成し、積極的に雇用していくことが重要である。

働きやすさに話を戻すと、制度と同じくらい重要なのが、人々の意識であると思う。女性研究者のキャリア形成とワーク・ライフ・バランスを検討した篠原(2020)は、自然科学分野に女性が少ない理由として、女性は自然科学分野に向かないといったジェンダー・バイアスの存在やキャリア形成の手本となるロールモデルの少なさ等を挙げており、また、大学全体として教員の職階が上がるごとに女性の割合が低下する理由に、男女の昇進速度の違いやインポスター現象[1]を指摘している。さらには、女性研究者のキャリア形成やワーク・ライフ・バランスに影響する要因として、妊娠や出産、育児、そして、負荷が増している大学の労働環境も指摘している（篠原、2020）。このように、女性研究者のキャリア形成やワーク・ライフ・バランスには多くの課題があり、それらの解決には制度の整備はもちろんであるが、ジェンダー・バイアスやインポスター現象など人の心理に関わる側面を改善するには人々の意識改革が必須である。

さらに、近年では、人や社会の意識が少しずつ変容してきているが、その裏には家族形態やライフスタイルの多様化があるだろう。第1子が1歳の時の配偶者の職を見てみると、現在45～69歳の男性研究者の配偶者の当時の職業は専業主婦が49％、民間・官公庁等でのフルタイム勤務が22％だったのに比べ、現在44歳以下の男性研究者の配偶者の職は、専業主婦が32％に減り、民間・官公庁等でのフルタイム勤務が37％に増え、共働き世帯が増えているのがうかがえる（人文社会科学系学協会男女共同参画推進連絡会、2019）。また、研究者に限ったデータではないが、令和元年度雇用均等基本調査（厚生労働省、2020）にある育児休業取得率によると、女性は83・0％、男性は7・48％となっており、近年の女性の取得率はほぼ横ばいであるのに比べて、男性の取得率は上昇している。家族形態やライフスタイルの多様化がますます進んでいくことを考えると、今までは女性を主なターゲットとして働きやすさを改善するために行っていた制度整備を、今後は多様な生き方を包摂しすべての人の働きやすさを意識して行っていかなくてはならない。育児や介護、そして、疾病や怪我等は、ある日突然、誰にでも起こり得るのである。そう考えると、どのような事情を抱えていても就労を継続できる制度の設計にとどまらず、人々の意識も合わせて変容していくことが、より多くの人にとっての働きやすさにつながっていくのではな

1　業績や周囲からの評価があるにもかかわらず、自身の成果や能力を過小評価し、周りを欺いているように感じること。

いだろうか。家庭も仕事も大変な時は自分が優先になってしまいがちであるが、それでも、小さな思いやりと大きな想像力を持って、互いのライフスタイルやライフステージの違いを認め、互いを気遣う気持ちを持つことが、互いに働きやすい環境を作っていくと信じている。

●人生における優先順位を考える

人生の中で優先順位をつけなくてはいけない時は、誰しもにやってくる。仕事、恋愛、結婚、家族、不妊治療、妊娠、子育て、介護、余暇、趣味など、人生のさまざまな面において、思い描いていた計画と異なることは常に発生し、私たちは常に選択を迫られる。周りの人に話せたり、支援をお願いできたりする時ばかりではないし、また、社会的な自分像を考えてしまったり、周りと照らし合わせてしまったりして、言えないこともある。自分にも、周りの人にも、それぞれの環境があり、事情があり、価値観があるからこそ自分の幸せは自分の物差しでしか測れないのに、無理に周りに合わせてしまったり、周りと比較してしまったり、さらには自分の物差しを無くしてしまったりする。そして、それ故に息苦しさや生きにくさを感じる。だからこそ、それぞれが自分の幸せの物差しを持ち続けられ、そして、それぞれが選んだ人生の選択肢が尊重される社会であって欲しいと切に願うし、みんなで協力しながらそれぞれの優先順位を尊重できる社会を作っていかないといけないと思う。

大切な人や大切なことを大切にできる時間は、私たちが思っている以上に限られている。そして、このコロナ禍になり、当たり前だと思っていたことが当たり前でなくなる瞬間が来ることを私たちは身をもって学んだ。特に若手という年齢やキャリアでは、社会的通念や周りの意見が気になることも多いと思うし、将来の展望に気を取られることも多いと思う。それでも、私たちの人生に起こることにはきっと意味があって、今ここではその意味は見えなくても、後から考えれば、それらは何らかのためにあったと思えるのだと思う。だから、若手のうちは仕事を頑張れといった風潮や、若手としてこんなことしたり言ったりしていいだろうかという悩みや不安に縛られ過ぎず、若手だからこそ感覚を研ぎ澄まし、自分のこころの声に耳を傾け、その時に自分が本当に大切だと思えるものを大切にする勇気を常に持っていたいし、他の若手たちにも持って欲しいと思う。

4　おわりに

この原稿の依頼を頂いたのは、私が10日ほどの夏休みに入る前日だった。終わらせなくてはならない他の仕事もあり、お引き受けするかどうするか考えあぐねているうちに、そのまま夏休みに入ってしまった。公に自分の人生をあまり見せてこなかった私は、周囲に対して家族の介護の話もあまりしてこなかった。どこまで自分を見せるのか悩み、この原稿を執筆するかどうかは簡単には決められなかった。しかしながら、最終的に書く決断をした理由は、私が手探りで進んだ道を共有することで、他の若手たちのヒントになることもあるかもしれないと思ったからである。そして、実際に原稿を書き始めた後も、何度も悩み、何度も手が止まり、何度も書き直した。

前述したように、介護の話はごく一部の人にしか話していなかった。周囲の若手たちは、子育てや不妊治療をしていたり、家族の転勤に合わせてその都度転職活動をしたり、離婚調停中だったりと、仕事の外にそれぞれの事情がありながらも頑張っていることをわかっていたからこそ、自分だけ「介護があるので」とは言い出せず、また、みんな頑張っているのだから自分も頑張らないといけないと思っていたことも大きい。ただ、振り返ってみると、話していないことによって、無礼を働いてしまっていたことも多いように思うし、人生の現状を伝えることによって周囲との円滑な連携につながることもあったのではないかと思う。そう考えると、話すことも大切だったはずで、伝えることによって、自分だけでなく周囲も身動きを取りやすくなることがあっただろう。

止まることのない時の中で、今日も私は、過去と未来そして現実と理想の狭間で、後悔と納得を行き来しながら、涙と笑顔を繰り返しながら、もがきながら生きている。そして、自分のアイデンティティの一部に「臨床家」を持ち続ける以上、臨床・教育・研究等の現場において自身の処理できていない感情が表出してしまわないよう、これからもこの私の人生に起こるさまざまな出来事を振り返り、溢れそうになる感情に向き合い、自分を調節しながら生きていく。

引用文献

岩間暁子・大和礼子・田間泰子（２０１５）『問いからはじめる家族社会学——多様化する家族の包摂に向けて』有斐閣

人文社会科学系学協会男女共同参画推進連絡会（２０１９）２０１９年公開シンポジウム「なぜできない？　ジェンダー平等」資料　https://824c8b1c-571f-457f-a288-600b039832e3.filesusr.com/ugd/5a0fef_f0c6477db0f845b08c4e7296cd64d799.pdf

株式会社ＮＴＴデータ経営研究所（２０１６）「平成27年度育児と介護のダブルケアの実態に関する調査報告書」

川角真弓（２０１６）「働き続けながら在宅介護を継続するための課題——子育て制度との対比を通して」『名古屋経営短期大学紀要』57、１１７－１２７頁

厚生労働省（２０２０）「令和元年度雇用均等基本調査」

文部科学省（２０２０）「令和2年度学校基本調査」

長江弘子（２００６）「在宅移行期の家族介護者が生活を立て直すプロセスに関する研究」『家族介護者にとって生活の安定とは何かに焦点をあてて」『聖路加看護大学紀要』33、17－25頁

篠原さやか（２０２０）「女性研究者のキャリア形成とワーク・ライフ・バランス」『日本労働研究雑誌』７２２、４－17頁

総務省統計局（２０１７）「平成28年社会生活基本調査——生活時間に関する結果」

吉田彩（２０１６）「看取り時期の在宅がん患者の家族の体験に関するレビュー２００６年～２０１６年のレビュー」『愛知県立大学看護学部紀要』22、１－８頁

COLUMN 4

コラム4

留学とワーク・ライフ・バランス

安達友紀（神戸大学）

きっかけはメジャー・リーガー

野茂英雄さんがメジャー・リーグに活躍の場を移したのは1995年のこと。当時の私は、野茂さんが大きく身体をねじり、背を向けている姿がプリントされたドジャースのTシャツがお気に入りで、それを着て小学校に通っていました。多くの識者が野茂さんの活躍に懐疑的であった中、異国の地で大男たちからバッタバッタと三振を取る（そして四球を出す）姿は幼心に強い印象を与えるものでした。その後、私は野球では大いに挫折を味わうわけですが、今に至るまでアメリカで奮闘するメジャー・リーガーへの憧憬は心の中に一定の位置を占めています。グラブひとつ、バット一本携えて異国の地で勝負するというのは、留学する研究者の心もちと通じるところがあるのではないでしょうか。

留学の準備

私にとって留学が具体的になったのは博士課程の時のことです。指導教員はポスドクの際に留学経験があり、私の留学に関して前向きでした。催眠による痛みの軽減が私の研究テーマで、それに関する論文（Jensen, 2009;

Jensen et al., 2010）を出しているラボにアプローチしました。何のつてもなくメールしたのですが、スーパーヴァイザーから快く承諾を得ることができました。スーパーヴァイザーは日本の大学と共同研究を行っており、その教室の先生に私に関する簡単な問い合わせをしていたそうです。その時点でポスドクになった時も受け入れてほしい旨を伝えており、運よくそれが叶って、都合2回計1年8ヶ月の間滞在することができました。金銭的なことを言えば、大学院生、ポスドクともに日本学術振興会から資金を得ていました。公的機関から資金を得られていたことは現地の大学との折衝をスムーズにしてくれたように思います。受入研究室の許諾と金銭的な目途が立ち、後は書類のやり取りや英語の学習を進めていきました。

滞在中のこと

留学先はシアトルのワシントン大学で、最初は2013年の8月〜年度末まで、2度目は2018年4月〜年度末まで滞在しました。

一度目の滞在では、臨床試験の心理面接に陪席すること、治療者ミーティングへの参加、論文の執筆等をして過ごしました。催眠の実験をしてはいたのですが、実際に心理面接で催眠が用いられているのを見たのは新鮮な体験でした。またそれ以上に印象に残っているのは、PhDレベルの教育を受けた心理職のコミュニケーション・スキルの高さです。必殺技の見学に行って、構えや脚運びに目を奪われたといった感じでしょうか。そうした良い体験と同時に、慣れない環境での苦労もありました。言葉の問題（発音が伝わらずその都度スーパーヴァイザーが残念そうな表情を浮かべる）、住環境の問題（アパートの自室に猫ノミが、隣室に南京虫が発生）、治安の問題（アパート近隣は強盗多発地帯）など。体調も崩しがちで週のうち3日アパートでうんうん唸って過ごすことが何度かありました。難しい時もありましたが、スーパーヴァイザーやラボの人たち、現地でできた友人が温かく接してくれたことで、またここに帰ってくるぞと思えたのでしょう。

二度目の滞在では、日本で取ったデータで論文を書くこと、研究分担者になった研究課題の作業を進めること、そして現地のデータをもらって解析することをして過ごしました。また、つてをたどって退役軍人病院の外来の見学もできました。言葉の問題は依然としてありましたが、二度目は慣れたこともあり、意識して住環境や生活リズムを整えたので、一度目より穏やかな生活を送れて、研究もある程度進めることができました。17時過ぎにラボを出て、アパート近くのカフェで第1回公認心理師試験の受験勉強をして帰っていたのを思い出します。また、二度目の滞在の際は、公認心理師試験や日本の所属教室が学会の主催を引き受けていたため、一時帰国する機会がありました。金銭や体力面の負担はありますが、一時帰国できたのは自分にはプラスに働いたように思います。

帰国後のこと

帰国後の生活プランが欠けていたのは、私の大いに反省しなければならないところです。一、二回目ともに金銭的バックアップが切れた状態で日本に戻ってくるので、職探しから始める必要がありました。運よく職を得ることができましたが、同じことはお勧めできません。パートナーや親を悲しませるのは、社会人としてほめられたものではありません。

留学先のラボとのつき合いは続いており、現地で作成された治療マニュアルを日本の患者さんに適用する研究を進めています。日本発のデータを示していくことが、これまでスーパーヴァイザーやラボから受けた支援を社会に還元していく第一歩になると考えています。

引用文献

Jensen, M. P. (2009). Hypnosis for chronic pain management: a new hope. *Pain*, 146(3), 235-237.

Jensen, M. P., Ehde, D. M., Gertz, K. J., Stoelb, B. L., Dillworth, T. M., Hirsh, A. T., ...Kraft, G. H. (2010). Effects of self-hypnosis training and cognitive restructuring on daily pain intensity and catastrophizing in individuals with multiple sclerosis and chronic pain. *International Journal of Clinical and Experimental Hypnosis*, 59(1), 45-63.

第6章

企業で働く心理士のワーク・ライフ——家族との暮らしを支えてくれるものたち

船戸みずほ（東京都内企業）

1　はじめに

この章を読み始めたあなたは「企業で働く自分」をイメージしたことはあるだろうか。それを夢見た頃はあっても、今ではそれを縁遠く感じているだろうか。企業で働く心理士は今のところ少数派で、その実態はちょっと謎めいている。

しかし何を隠そう私は心理士の資格をもって企業で働いた経験がある。周囲に同じく就労経験がある人や、それに加えて育児休業からの復帰まで経験した仲間がいる。本章では、そんな希少種の我々がよく聞かれる疑問への答えを通して、その実態をお伝えするつもりだ。本章の前半では「どういう仕事があるの？」「生活は安定する？」「キャリアプランはどうなる？」という疑問に答えるべく、企業で働く心理士の経験談を紹介する。後半では「産休・育休復帰ってどうするの？」「育児中の資格更新ってどうなる？」という疑問を解消するヒントとして、経験談や諸制度を紹介する。少しでも読者のお役に立てれば幸いである。

2　心理士が企業で働くって？

●企業で働く心理士の経験談

まず、心理士が活躍できる企業と聞いて、従業員支援プログラム（Employee Assistance Program; EAP）等の産業臨床領域が思い浮かぶ方は多いだろう。あるいは民営の発達支援や就労支援を思い浮かべる人もいるかもしれない。

以上のように、従来から医療や相談機関で行っていた心理支援を行う企業もあれば、企業が主戦場となる業種も存在する。後述の経験談でいうと、Cさん、Dさんの治験関連業務はそれにあたるだろう。

本章では、企業での就労経験がある心理士4名に、以下の五つの観点から語っていただいた。

①入社の経緯は？　②業務内容は？　③働いてみてよかったこと、困ったこと　④心理士としての強みが発揮できた場面は？　⑤この業界を考えている人に伝えたいこと

なお、すべての事例はプライバシーに配慮して一部加工されている。また、事例はすべての人にあてはまるわけではなく、あくまで多様な働き方の中の一例という前提でご覧いただければ幸いである。

Aさん（女性／フルタイム、教育系）

①入社の経緯は？

出産を見越して育休が取れる正規雇用を探していた。私の住む地域では、臨床経験が短いと専門職のフルタイムはほぼなかった。そんな中で、資格不要だが心理的援助の経験者優遇という求人を見つけた。選考では履歴書、職務経歴表が必要となった。作成は初めてだったが「職務経歴表　書き方」で検索すれば出てきたので参考にした。

②業務内容は？

発達障害を持つお子さん向けの学童保育のような形だった。会社としても心理士の採用は初めてだったそうだが、私の入社を機に「心理士の発達相談を受けられます」とアピールされ、定期的な相談業務が発生した。

③働いてみてよかったこと、困ったこと

相談者の中には「医療や行政に相談するのはいかにも〈病気〉という感じがして行きにくい、民間の方が気軽に来られてよかった」とお話しされる方もおられた。そうしたニーズもあるので、企業の相談機関に心理士がいるのは意味があると思う。

しかし営利企業の中での支援業務ゆえに困ったこともあった。たとえば記録を書く時間は、会社に利益を生む時間ではないのでなかなか取らせてもらえなかった。交渉の結果、業務報告書の形で残せるようにはなった。また、上司に心理援助の経験がなく、支援方針にずれを感じることがあった。

④心理士としての強みが発揮できた場面は？

心理士がいるからと相談事業を立ち上げているので、強みを発揮できていたとは思う。ただ、心理士を活かして経済的な成功を収めようとされると対応が難しかった。体感で3対7くらいだった。

⑤この業界を考えている人に伝えたいこと

企業での相談業務において自分の思う援助の方法論と噛み合わない事態は起こりうる。でもそこで喧嘩せず、相談事業をよりよい形で存続させようという意識で妥協点を模索する姿勢が求められる。

Bさん（女性／フルタイム、EAP）

①入社の経緯は？

スクールカウンセラー時代、子どもとはすぐに話ができたが保護者や先生等の大人対応に苦慮した。そこから、対大人で第一次予防から第三次予防まで対応するＥＡＰを選んだ。

②業務内容は？

カウンセリング、企業側とのコンサルテーション、研修講師、広報紙作成、心療内科クリニックとの交換勤務等。

③入ってみて良かったこと、困ったこと

さまざまな仕事を経験でき、別の職場でも物怖じしなくなった。また、資質向上のために勉強会（心理的なものやビジネスマナー、法律等）やスーパーヴィジョンが充実していて勉強になった。同僚が数名おり、困難なケースについても気軽に相談できて良かった。

困ったことは、苦手なこともやらざるを得ないこと。カウンセリングだけでなく、企業側とのコンサルテーションや営業的なこと等マルチな働きを求められた。

④心理士としての専門性を発揮できた場面は？

やはりカウンセリングにおいてだと思う。危機対応（自殺企図、自死、事故等）も行うので、力はつく。

⑤この業界での就労を考えている人に伝えたいこと

カウンセリングだけでなくさまざまな仕事があるため、キャリアを積むには良く、やりがいもある。収入や立場の安定感もあった。その分忙しかったので、セルフケアは欠かせないと思う。

Ｃさん（男性／フルタイム、治験コーディネーター）

①入社の経緯は？

昔から心理士は非常勤職が多く、待遇が安定しないと聞いていたので、企業での正社員として専門性を活かせる場を探していた。卒業後、相談機関での就労を経て治験コーディネーターの派遣会社に入社した。

②業務内容は？

治験コーディネーターの業務内容は、治験のために来院した患者の検査案内や状況の聞き取り、医師との調整等である。また、データ入力等の事務作業や、管理職になれば管理業務も発生した。

なお、心理士だから精神科の治験担当になるとは限らず、内科や整形外科等に配属されたこともある。

③働いてみてよかったこと、困ったこと

良かった事は都市部に一人暮らしができるくらいの収入が得られたこと。業種や会社によっては資格手当が上乗せされるところもあると聞く。また、新しい医薬品が世の中に出ていく現場に立ち会えたことは興味深かった。困ったことは専門外の業務が多いこと。心理士らしい仕事とそれ以外の比率は1対9くらいだった。採用の際は心理士の強みを活かしてと言われていたのでギャップを感じた。加えて、そのような状況なので業務の中で事例を持てない事にも困った。

④心理士としての強みが発揮できた場面は？

心理士の治験コーディネーターは少ないので、精神科関連で困った事があれば頼られることは多かった。

⑤この業界を考えている人に伝えたい事

この仕事は求人が多い。心理士のフルタイムの求人は経験年数等のハードルが高いが、治験コーディネーターはそういった縛りが少なく、キャリアの早い段階から始められる。ただ専門外の仕事が本当に多いので、この仕事を通じて臨床経験を積みたい人にはギャップがあるだろう。心理士としての専門性を応用することや、事務仕事に抵抗がなければ挑戦してみてほしい。

あとは専門外の業務が多いので、治験コーディネーターから他の心理職に転職する際には経験不足を感じるかもしれない。フルタイムで働くと他の臨床経験を積むための仕事はできないので、将来的に必要になりそうなキャリアを積んだり、企業で働いた経験を活かして産業臨床に飛び込めるよう自己研鑽したり等、キャリアを長いスパンで考えて挑戦することを個人的にはお勧めする。

Dさん（女性／パート、心理士派遣）

①入社の経緯は？

育休復帰を前に、入園前でもできる仕事を探していた。心理士派遣では曜日固定で働けると聞き、週1日なら家族に支えてもらって働けそうだと感じた。派遣会社の登録を経て、希望条件に合うところが出てきて派遣された。

②業務内容は？

認知症の治験に関する検査を施行するのが仕事だった。治験は馴染みがなかったが、仕事の幅を広げたかったので飛び込んでいった。

評価は自分ひとりで施設に行って実施した。治験の検査は人に合わせて組むのではなく、計画で定められたものをその通りに実施するという、ある意味不自然な設定なので、人によっては対応に苦慮するかもしれない。

給与は、その日の待機に対する報酬がベースで、検査がなくてもベース分は貰えた。検査があれば実施報酬が上乗せされた。このあたりは、同じ評価者派遣でも契約内容次第だと思う。

③働いてみてよかったこと、困ったこと

検査官の経験ができてよかった。また、治験の仕事は心理士にはメジャーではないが、その現場を見られて興味深かった。

困ったのは、検査以外の業務が多かった事。部屋や道具の調整、院内人員と治験をやる側との行き違いの調整など、検査以外の仕事が重かった。

④心理士としての強みが発揮できた場面は？

医療職と協働するのは心理士らしい働き方だと感じられた。もちろん認知機能検査は心理士の専門的な仕事だが、一緒に働く人の潤滑油になるあり方そのものが心理士らしかった。

⑤この業界を考えている人に伝えたいこと

心理職と他職種との協働は、他の臨床の場でも共通する部分があり、良い経験になる。派遣だから指示待ちでいいということはなかった。院内の人・物の流れを把握したり、想定外の状況で自力で対応したりと、自律的に動くという意識が必要。あと、どれだけ準備しても想定外は起こりうるので、治験コーディネーターとの連絡体制を整えておくべき。

●まとめ

この項では、企業で働く心理士というテーマで経験談をご紹介した。本章で触れたものを含め心理士が活躍できる企業は数多く存在するので、気になった方は求人検索してみてほしい。なお、企業の求人には未経験でも応募できるものもあるが、臨床経験が必須の求人も多い。企業での就労経験がない方も、臨床経験を活かせばきっと活躍できるだろう。

さて、後半では妊娠出産を支える制度や、保育園、資格更新などのトピックに触れていく。法制度の話で小難しく感じられるかもしれないが、心理士の働き方に寄せてご紹介していくので、どうかお付き合い願いたい。

3　働く心理士のリアルライフ

●はじめに

一生心理士として働くならば、その中で妊娠や育児を経験する人もいるだろう。

この節では、社会保険等の諸制度や保育園入園に関する情報を紹介する。これらは正社員の方だけでなく非正規雇用でも使える制度があるので、そういった方も注目してほしい。

また、臨床心理士は更新が必要な資格である。この節の後半では、更新の実態や、ポイントが足りない場合の救済措置を紹介する。

●出産・育児を支える諸制度

まず社会保険のうち、出産、育児に関係があるのは雇用保険と健康保険だ。概要は以下の通りである。

・雇用保険：働けなくなった時等に給付を行う。条件は31日以上雇用見込みがあり、週20時間以上勤務していること。パートでも条件を満たせば加入できる。

・健康保険：医療費の窓口負担を3割にする等、必要な医療給付を行う。パートでも加入可能だが、条件は紙幅の都合上説明しきれないので左記を参照してほしい。

・政府広報オンライン　https://www.gov-online.go.jp/useful/article/201607/2.html（参照：２０２１年3月10日）

なお、２０２２年10月には雇用保険の適用が拡大予定である。

・日本年金機構　https://www.nenkin.go.jp/oshirase/topics/2021/0219.html（参照：２０２１年3月10日）

さて、自身で健康保険に加入して出産すると、出産手当金と出産一時金が支給される。出産手当金は産休前の給与をベースに給付が行われる。金額は「出産手当金　計算」で検索すると計算サイトがヒットするので参考になるだろう。

出産一時金は出産ひとりにつき42万円が支給される。これはご自身で健康保険に加入していなくても、配偶者や家族の扶養で被保険者となっていれば申請可能である。

次に育休について説明する。育休の申請先は申請者の職場である。しかし労使協定があれば申請を拒める場合がある。（雇用から1年未満の方や子が1歳6ヶ月に達する日までに、労働契約《更新される場合には、更新後の契約》の期間が満了することが明らかな場合等。）契約社員の待遇の方は、社内規程や更新の予定を確認すべきだろう。

一方、育児休業給付金というのは雇用保険加入者への給付だ。こちらも支給額は「育休　手当　計算」などで検索すると計算サイトがヒットする。支給には保険加入だけでなく、育休開始前の2年間で被保険者期間が12ヶ月以上必要となる。非正規雇用の場合、加えて1年以上勤務継続していて、かつ子が1歳6ヶ月までの間に労働契約が更新されないことが明らかでないことが必要となる。非正規雇用でも給付を受け取れる可能性はあるので、勤務状況を確認してみてほしい。

以上のように、育休と育児休業給付金は別口の申請になるが、どちらも申請には同じ職場で一定期間働いていることが必要になる。育休を視野に入れつつ転職予定の方は勤務期間の予定を確認しよう。

その他、社会保険料の免除等、支援の手は様々にあるので怖がらずに調べてみてほしい。出産、育児は想定していた通りにいくことばかりではないが、経済的に支えられた生活のために思案しておくことは悪いことではない。

続けて育休復帰の実態を紹介するので、ここまでの情報と合わせて参考になれば幸いである。

●保育園について

保育園について、心理士の就労の実情に寄せて述べていきたい。保育施設にはさまざまな種類があるが、この節では主に認可園に関して紹介する。

各自治体は保護者の勤務状況や現在の養育状況等から保育の必要性を基本指数として算出し、入園の可否を決めている。

考慮される項目の中で注目されるのは勤務時間数だ。時間数は「週40時間以上→40点」という合算方式や、「月20日以上、1日8時間以上→40点」といった月当たりと1日の両方から計上する方式等、自治体によってさまざまだ。

さて、読者の中には非常勤掛け持ちの場合が気になる方もいることだろう。

しかしそこは、勤務時間の数え方が自治体によって異なるためケース・バイ・ケースとしか言えない。例を挙げると「合算で計上するので時間数がまちまちでも考えなくていい」「一番短い日で評価する」（例：週2日は8時間勤務、週3日は4時間勤務→週5日4時間勤務と評価）等さまざまである。そのため掛け持ちの場合は勤務実態を把握した上で、自治体の基準を確認してほしい。

また、産後に時短勤務を想定している人に強調したいことがある（時短とは、3歳未満の子どもがいる人が希望すれば労働時間を短縮できる制度〈原則として1日6時間〉のことである）。

元が1日8時間労働で時短で6時間になった場合、保育の基本指数としては8時間勤務と同様に扱うという自治体もある。時短およびこの変則扱いは元の職場に復帰する場合のみ有効となる。そのため、育休前の職場に戻らずに転職した場合は時短勤務とならず、6時間の労働はそのまま6時間として計算される。8時間の基本指数が必要なら転職先で8時間以上働く他ない。職場復帰前提の制度なので、その通りにするなら有利で、事情があって転職したい人には不利だと感じられるかもしれない。転職予定の方は、必要な基本指数や勤務時間などを確認しておこう。

更に、入園すれば終わり、ではない。入園後1年に1度現況届を提出する必要がある。現況届とは、保育の必要性に変化がないか確認する書類である。その中には保護者の就労状況を職場に確認する項目があるので、契約期間が決まった就労をしている場合は気遣わしいことだろう。なぜなら契約期間終了で就労状況と基本指数が変化すれば、状況によっては退園の必要があるからだ。転職や求職中の扱いは自治体によって異なるので、それらが想定される人は自治体の窓口で予め相談しておこう。

社会保険や保育園等についての説明は以上である。最後に出産後、復職した経験がある心理士の経験談を紹介する。

Eさん（女性／パート、企業での心理士業務、スクールカウンセラー）

①復職の経緯

キャリアが止まることが不安だった。出産を機に退職したので一からの職探しだった。時間に融通がついて子育てに理解がありそうな職場を探しつつ、出勤日には家族の協力が得られるか確認した。

②復帰後困ったこと

子どもが体調不良の時、代わりをお願いできない仕事が入っていると困る。また残業はできないので、時間内で終わらせなくてはいけないという緊張感はある。

③育休復帰して働くことを考えている方に伝えたいこと

働くと母や妻以外の自分でいられてリフレッシュできる。子どもが大きくなってから再度働くつもりなら、細々とでもキャリアをつないでいくことは自信にもつながる。

ただ、ひとりでなんでもやろうとせず、いろいろなところに助けてもらいながら（もちろん感謝しながら）やれるといいと思う。昔、職場の先輩から頂いた言葉で今も印象に残っているのが「女性はキャリアの転換を何度かせざるを得ないけど、その度にしなやかになっていくのではないかと思っている」。本当にその通りだし、その体験がまた自分の心理士としてのあり方に良い影響を与えてくれると思う。大変なこともあるが、諦めずにまずはやってみて欲しい。

●資格更新について

臨床心理士は更新が必要な資格である。更新には研修参加等によるポイント取得が必要だ。しかし子育て中は、単身で外出するのが難しいこともあるだろう。

そういった方への救済措置は「臨床心理士資格更新手続きの延期等に関する運用内規」第2条に定められている。これは更新の際に出産・育児等の事実を証明する資料を添えて申し出ることで、認められれば更新時期の延期や、ポイント取得の代換としてレポート提出による更新などが可能になるというものだ。

しかし救済措置があっても、育児中で知見共有の場から遠ざかることが不安な方もいることだろう。

筆者の周囲でも、子育て中の研修参加が難しいという話はよく聞く。そのため筆者は第38回日本心理臨床学会の若手の会懇話会にて「子育て中の研修参加への課題と提案」というテーマで発表を行った。筆者はその中で、子育て中でも参加しやすい形態として研修のオンライン開催を提案した。しかし発表時の手応えからは、オンライン開催はあと十年は難しそうに感じた。

だが、新型コロナウイルス感染症の流行により、オンライン開催は一気に推し進められた。小規模な研修だけでなく、日本心理臨床学会までもオンラインで開催されている。これまであまり開催されてこなかったオンライン研修をよりよく実施するために模索を続けておられる研修主催者の先生方には心からの感謝を申し上げたい。

研修のオンライン開催には、まだすべき課題はある。例えば事例検討の安全性の確保等だ。しかし、多くの利点もある。恩恵を受けられるのは育児中の人だけでなく、研修に行く時間を確保することが難しい方や、研修会場まで遠い方も含まれるだろう。個々の生活に合った自己研鑽の方法があることで、多様な臨床家が育ち、多様な支援のあり方が芽生いていくことを願う。

最後に、私は調べて諸々の対応をしているが、人事労務の専門家ではない。個々のご相談には責任を負いかねるので、もしご自身の状況について相談したい場合は左記の窓口をお勧めする。

・社会保険等の相談：労働局および労働基準監督署の総合労働相談コーナー、全国社会保険労務士連合会総合労働相談所。

・育休等を理由にする不利益扱い：都道府県労働局雇用均等室。

おわりに

本稿は、企業で働くことを選んだ心理士の仲間と「これは良かったね」「これはもう少し早く知りたかったね」と言い合うことをまとめたものである。現場の声として、企業での就労を考える方の参考になれば幸いである。

今回、若手臨床家のワーク・ライフというテーマにて寄稿させて頂いたが、私自身はこの長いワーク・ライフ・バランス道を歩み始めたばかりである。まだ見たことない景色がたくさんあるのが楽しみでもあるし、ドキドキもしている。

ただ、この道を独力で踏破しようとすれば絶対に息切れするだろうし、周りも息苦しいことだろう。歩みの支えを探し回った足跡が、本章後半の形となった。制度は適宜改正されるので、本章を足掛かりに最新のものをチェックしてほしい。

最後に、働きながら家族を支えようとするみなさんの道行きが幸せなものになるように願っている。

COLUMN 5

コラム5

私たちに潜む差別的な感覚——臨床と社会、政治

沖潮満里子（青山学院大学）

私の研究テーマは、障害者の兄弟姉妹（以下、きょうだい）の生きるありようである。私の妹には身体障害と知的障害があり、同じような他のきょうだいと共に、お互いのライフ・ストーリーを語り合いながら、きょうだいならではの心理的な特性を明らかにしてきた。また、私自身のきょうだいとしての経験を探究する自己エスノグラフィ研究も実践している。心理的にも社会的にも、支援の対象として見過ごされがちだったきょうだいに光を当て、きょうだいの生の声や思いをまずは外に届けることこそ、自分が心理臨床の分野においてできることだと考えている。そのような障害者家族のひとりとして、そして心理職のひとりとして、臨床と政治、社会について考えていることを論じてみたい。

臨床と政治、社会には密接なつながりがある。2017年の公認心理師法の施行により、国家資格である公認心理師が誕生した。それに至るまでは、推進・反対それぞれの立場にいる多くの人々が、長期間にわたる議論を重ねてきたことはみなさんの記憶にも新しいだろう。行政による福祉サービスなどの制度もまた、臨床と政治の接点といえるだろう。障害者手帳の何級ならばどういう支援やサービスが受けられるのか、就学時そして卒業後の進路など、障害のある人が制度という枠の中で利用可能な選択肢について、それぞれの特徴について知って

おくことも心理職には必要になる。環境調整や周囲への働きかけ、他職種との連携といった、クライエントと社会のつながりを考えることも心理職の大切な役割のひとつである。

ほかにも、2013年には障害者差別解消法が成立した。障害を理由に差別的扱いや権利侵害をしてはいけないこと、社会的障壁を取り除くための合理的な配慮をすることなどが定められている。心理職はそもそも障害者を差別しようとは思わないだろう。そしておそらく障害者を「積極的に」差別し、差別を広めようとする人もそういないと思われる。しかしながら、わざわざこのような法律が制定される背景には、障害者が日常的に差別的な扱いを受けているからなのだろう。ともすると、誰しもが自覚せずとも障害者に対して差別的な感覚を持ち合わせたり、差別的行為をしたりしているのかもしれない。特に戦後に流布した能力主義や優生思想によって、障害者の存在価値が社会の中で過小評価されていったことは大きく影響しているだろう。

私自身はどうかというと、きょうだいとして、障害者への偏見や差別的な気持ちは抱いていないと思っていた。また、妹への好奇の眼差しを周囲から感じ取っては、それが妹だけではなく、場を共にしている自分にも向けられているように感じ、苛立ってもいた。ところが、冒頭で述べた私自身の経験を研究する自己エスノグラフィを遂行した際に、私はどこかで妹を「普通ではない」存在と捉え、妹の発達を期待していなかったことに気がついてしまった。同時に、能力主義のような、障害者に対する社会的な価値観も私の中に埋もれていたことが浮かび上がってきた。それまで自分は妹の理解者だとでも言わんばかりのつもりでいたし、生きているだけで存在価値があるという家族的な価値観のもとに自分は生きていると思い込んでいたのだが、それだけではなかったと気づいたことには我ながらショックを受けた（沖潮、2016）。障害者家族ですらこのような意識があるのだから、この社会で生きる多くの人々が、無自覚であれ意識的であれ、差別的な感覚をどこかで持ち合わせていると考えてもおかしくはないだろう。

好井（2002）は「ノーマライゼーション」「こころのバリア・フリー」といった福祉的な言説が現代社会

では増殖しており、そのために障害者が差別、排除されているという事実がかき消されてしまっていると指摘する。しかし、差別は日常的に頻発しているし、人が障害者を嫌ったり怖がったりする理由のひとつとして、障害者と対面する時に他者として自然に出会えないことがあるともいう。つまり障害のある人と正面から向きあった時にどう振る舞えば良いかという実践知が欠落しているのである。そして、人が差別することの意味を考えることができるのは、自分が今まさに差別しようとしている瞬間の、自分自身の姿を見ることから可能となるのだと、自身の体験と合わせて述べている。

私たち心理職にとって大切なのは、まずは自身が持ち合わせている常識や感覚を洗い出し、知ることだろう。それが自分と社会のつながりを考える指標にもなる。そしてその感覚を自覚しながら、自身の臨床実践に臨むこともまた重要である。この洗い出しの作業は、心理職になる過程でほとんどの人が通ってきた道だと思う。しかし、初学者の頃と比較して変化している可能性もあるだろう。クライエントと対峙する時の自分の感情や、日常における自身の常識的な感覚を今一度、探索してみることをおすすめしたい。

引用文献

沖潮満里子（２０１６）「障害者のきょうだいが抱える揺らぎ――自己エスノグラフィにおける物語の生成とその語り直し」『発達心理学研究』27巻、１２５－１３６頁

好井裕明（２００２）「障害者を嫌がり、嫌い、恐れるということ」石川准・倉本智明（編著）『障害学の主張』明石書店、89－１１７頁

第7章

家庭裁判所調査官のワーク・ライフ——法の下で家族に寄り添う

富尾知世（大阪家庭裁判所堺支部）

1　家庭裁判所調査官への道のり

裁判所に入庁した初日、六法を渡されたことが一番の衝撃だった。

私は、この日まで六法を手に取ったことすらなかった。家庭裁判所調査官（以下、「家裁調査官」という）は、採用試験で法律科目を選択しなくてもよいので、入庁時点で法律を学んでいなくても問題なかったのである。重たく分厚い六法（法令集。複数の種類がある。この時は、『有斐閣判例六法Ｐｒｏｆｅｓｓｉｏｎａｌ』が配布された。以下「六法」）を受け取って、ようやく裁判所で働くのだなという実感を持った。

もともとはスクールカウンセラーを目指していた。さらにさかのぼると、保育園から高校ぐらいまでは、学校の教員になりたかった。大学で心理学を学ぶ中で、もっと個別に、子どもに関わる仕事がしたいと思うようになり、スクールカウンセラーになりたいと思うようになった。しかし、大学院に入ってから、スクールカウンセラーの常勤職の募集が少ないことを知り、どうしようかと迷い始めた。フルタイムで働いていた母親の影響もあって、どうしても常勤の仕事がしたかった。女性だから、非常勤でもいい、給料が安くてもいいとは思いたくなかった。男性と同等に、経済的にも自立したいと思っていた。

そのような中、裁判所の業務説明会に参加し、家裁調査官の仕事を知った。特に家裁調査官という仕事に興味があったわけではなかったが、大学院の指導教員から、時間のある人は行くようにと言われ、同じ専攻の院生何人かで行ったことを覚えている。

その説明会で、家裁調査官が、非行少年や、離婚の狭間にいる子どもに関わる仕事であること、好奇心旺盛な人が向いていること、全国転勤でさまざまな土地を楽しむことができることなどを聞き、直感的に自分に向いているような気がした。また、説明会を担当していた女性調査官が、聡明で優しそうな人で、上司と思われる家裁調査官と和やかに話している姿を見て、私もこんな人たちと一緒に働きたいと思った。説明会は2月半ばで、6月の採用試験まであまり時間はなかったが、とりあえず受験してみようと思い立ち、その年の試験に申し込んだ。その結果、現在に至っている。

家裁調査官は、司法分野の心理職のひとつではあるが、心理学分野以外の出身者も多い。採用後、約2年間の研修があるので、そこでしっかりと必要な専門知識や技法を身につけることができる。冒頭でも述べたように、私は、法律を勉強していなかったが、その研修で一から法律を学んだ。正直なところ、法律的な解釈が苦手で、理解できるまでに苦労はしたが、法科大学院出身の同期に補習してもらうなどして、なんとか乗り切った。今では、六法を片手に仕事をしている。

ここでは、家裁調査官になってから私が感じたこと、考えたことをもとに、仕事と私生活を振り返ってみたい。したがって、すべて私見であって、家裁調査官を代表するものではないことを断っておく。

2　裁判所という枠の中で働く

●客観的事実を押さえるということ

実は、大学院生の頃、カウンセリングを学ぶ中で、自分はカウンセラーには向いていないかもしれないと思ったことがある。カウンセリングの中で、言葉にできないものを味わい、それをクライエントと共有するというような、ふんわりとした曖昧なものを扱うことが難しいと感じていた。カウンセラーには、カウンセリング技法の習練だけでは得られない、センスのようなものが必要な気がしていて、自分にはそのセンスがないように思っていた。家裁調査官の仕事を知ったとき、事実に基づき、半構造的に面接を進めるところが、自分に合っているかもしれないと思った。

しかし、いざ家裁調査官になってみると、最初の頃は、家裁調査官としての面接に戸惑いを感じた。大学院で学んできたカウンセリングとは、求められることが異なるような気がしたからだ。私が大学院で学んだカウンセリングでは、客観的な事実がどうであるかというよりは、クライエントがその事実をどう捉え、どのような気持ちになったかという主観的な事実を中心に、カウンセリングを展開していたと思う。大学院生の頃は、カウンセリングの後、事実ばかり聞いてしまったなと反省していたのに、家裁調査官になってからは、面接後、気持ちばかり聞いてしまったなと反省するようになってしまった。大学院でのトレーニングによって、いつのまにかカウンセラーとしての聞き方が身についていたらしい。家裁調査官の面接では、例えば、少年事件でいうと、実際に何が起こったのかという客観的事実、そしてそれを少年がどう受け止め、考えたのかという主観的事実を押さえることが必要である。私には、その客観的事実を正確に押さえるということが、カウンセリングとは勝手が違い、思った以上に大変だった。

家裁調査官の研修で、模擬面接を行っては、それを振り返るという基本的なことを繰り返す中で、ようやく自分の「カウンセラーのような」癖を見直し、改善していった。大学院に2年間通って身につけた、カウンセラー仕様の面接スタイルを、約2年間の研修の中で、家裁調査官の仕様に組み直していったという感じである。

相手を尊重する、共感的理解を示す、などといった面接の基本の部分は変わらないが、領域が異なれば、心理職として求められることも変わる。今後もしも他の心理職に転職するのなら、この家裁調査官仕様の面接を再び組み直す必要があるのだろうと思っている。

●仕事とプライベートを分ける必要があるのか

家裁調査官の業務説明会を主催する側になった時、ある大学生から、「仕事とプライベートを分けることができるか」と聞かれたことがあった。その大学生は、ワーク・ライフ・バランスを考えた時、仕事とプライベートをきっちりと分けたいと思って、私に質問してきたのだろう。

私は、その質問にどう答えたら良いのだろうと迷ってしまった。普段、持ち帰り仕事をすることはないし、夜間や休日に予定外の呼び出しを受けることはない。物理的には、仕事とプライベートの時間は分けられている。ただ、プライベートで全く仕事のことを考えないで過ごせるかと言われれば、そうではなかった。

時々、家に帰ってからも、ずっと考えてしまう少年や当事者がいる。この少年には少年院がよいのだろうか、それとも保護観察がよいのだろうかと思い悩んだり、親の争いの渦中にいる子どもの気持ちをきちんと親に伝えられるだろうかと考えたりすることがある。自宅で家事をしている時、寝る前、ふと頭の中にケースのことが思い浮かんで、ああでもない、こうでもないと考えることもある。

もちろん、ひとりでずっと悩み苦しんでいるわけではない。難しいケースや思い悩むケースは、日ごろから同僚や上司に相談している。家裁調査官室は、雑談のような雰囲気で、すぐにケースについて相談できるところがよいところだと思う。定期的に少人数で進行中のケースの検討会をすることもあるし、年に数回は外部講師を招いてケース検討会をすることもある。

それでもなお、プライベートで少年や当事者のことを考えることはある。ただ、それが悪いことだとは思っていない。そんな時は、自分はこの少年のことを心配しているのだな、あの当事者のことが気になっているのだなと、そのまま受け止めるようにしている。家に帰ったら、仕事のことは忘れなければならないと考えていては、しんどくなってくると思う。仕事のことを考えても考えなくてもよいと思っていたら、少し心が軽くなる。毎日悩んでいるわけではないし、日常生活に支障をきたすほど悩んだことはないので、この仕事を続けられているのだと思う。相手と向き合って、自分自身が揺さぶられることは、人のこころに携わる仕事の醍醐味でもあると思うようになった。

今なら、業務説明会で質問してくれたあの大学生にも答えられそうな気がする。

3　非行少年と家族の紛争の中で

●自分だけが非行少年に影響を与えているわけではない

非行少年の人生の岐路に一緒に立ちたい、採用試験の面接時、私は自分の志望動機をそう述べたように思う。大学院生の頃、非常勤心理士として、児童相談所の一時保護所の子どもたちに関わる仕事をしていた。その時、不遇な家庭環境の中で荒れる子どもたちを見て、その子どもたちを支える仕事がしたいと思ったことがあった。非行少年の更生に関わりたいという思いが強かった分、少年事件を担当することには気合が入っていた。

少年事件の面接調査では、少年にどのような処遇が適当かというアセスメントを行うだけでなく、再非行防止のためのさまざまな「働き掛け」を行っている。一方的な指導にならないように気を付けながら、面接調査の中で少年に働き掛けるのだが、何か働き掛けたからといって、すぐに少年が変わるとは限らない。

あるとき、過去に私が担当していた少年が再非行をして、再び裁判所に来ることになった。ああ、私の関わりがダメだったのかな、と気持ちが沈んだ。前件の面接調査時のことを思い返せば返すほど、自分の実力不足のせいで、少年が再非行してしまったような気がしてきた。どうしようもなく悲しくなってきて、何がよくなかったのだろうかとベテラン調査官に相談した。すると、その方から、こんな言葉をもらった。

「そもそも、悲しいと思うのは、自分が少年に対して大きな影響を与えられると思っているからである。少年に真摯に向き合い、有効な働き掛けを行うことは必要であるが、それで少年の行動をすべて変えられるわけではない」

そこで私は、自分が少年のことを変えられると過信していたことに気が付いた。少年の人生の岐路に一緒に立ちたいと思っていたのが、いつの間にか、自分が少年の人生をコントロールできると思い込んでいた。

基本に立ち返れば、少年自身が立ち直る力を持っている。家裁調査官はその力を引き出す役割を担っているのだと思う。少年にとって、非行をしなくてもよい人生とは何かを考えながら、少年と共に考えていく姿勢を忘れないようにしたい。

今でも、再非行をして裁判所に戻ってくる少年がいれば、少なからず落胆してしまうのが正直な気持ちである。ただ、少年の何が再非行につながったのだろうかという視点に立って、必要以上に自分に原因を帰属させずに関わることができるようになってきたと思う。

●第三者目線で感じること

離婚の調停に立ち会って、夫婦のいざこざを見ているので、そういう夫婦ばかり見ていると、結婚に希望を持てなくなるのではないかと聞かれることがある。

結論から言うと、そんなことはない。夫婦の紛争に関わっていたとしても、自分自身のこととは別問題である。第三者の目線で調停に立ち会っているので、それをそのまま自分に当てはめて、結婚に対して悲観的になることはない。ただ、結婚して、こんな時にこうしたらよくないのだなと思うことはある。

離婚において、どちらか一方だけが悪いということはほぼないと感じる。相手の方が百パーセント悪いという主張を聞くと、そのような考え方だからうまくいかなかったのかなと思ってしまう。

一方で、家族は、理屈でどうにかなるものではないとも感じる。法律に則って仕事をしているが、すべてが論理的に解決できるとは思っていない。家裁調査官は、理屈だけではどうにもならない感情の部分を取り扱い、その家族ごとの紛争解決の方法を探っているように思う。

例えば、面会交流を子どもが拒否している事案において、別居している親が、子どもの拒否の原因は、同居している親が別居している親の悪口を言っているせいだと述べて、面会交流はできると主張することがある。子どもが、長らく父母の争いの渦中にいて、もう父母の紛争に巻き込まれたくないとの思いから、面会交流を拒否していることがあり、その場合、別居している親だけのせいでも、同居している親だけのせいでもないのだが、当事者がそれを理解して受け止めるのは困難であることが多いと感じる。

当事者に寄り添いながらも、第三者として新たな視点を示し、それが少しでも紛争解決の役に立つことができればと奮闘する毎日である。

●自分と当事者を重ね合わせてしまう時がある

前節において、当事者間の紛争は自分とは切り離して考えていると述べたが、一方で、自分自身や原家族と重ね合わせて、第三者的に当事者を見ることが難しくなることもある。

私は、思春期の女子が、離れて暮らしている父親との面会交流を拒否している事案において、どうも昔の自分を投影してしまって、面会交流の実現に向けて積極的になれないことがあった。

面会交流は、子どもの気持ちを尊重しつつも、子どもが会いたくないと言ったからといって、すぐに禁止になるものではない。家裁調査官は、直接子どもに会って、その子どもの心情を分析し、望ましい面会交流を提案することがある。

私は、小学校高学年から中学生にかけての女の子が、特段の理由もなく、お父さんと会いたくないと言っている事案において、その女の子の気持ちをこう考えてしまう。「んー、お父さんと会いたいかと言われれば、会いたくない。定期的に二人で会うなんて、何を話したらいいかわからない。会っているところを友達に見られたら、恥ずかしい。なんとなく、会うのは嫌」

私自身が、思春期の時に、特に理由もなく父親を毛嫌いしていて、同じ家で生活していても、あまり話そうとしなかったので、父親と離れて生活しているからといって、あの時の自分なら定期的に面会交流をしたくはなかっただろうなと考えてしまうのである。

思春期の女子が会いたくない理由として、「なんか、嫌」と述べたことについて、どのような事情でそう思うようになったのか分析しようとするのだが、何度も思春期の時の自分の気持ちが蘇って、「お父さん、もう少し待ってもらえないだろうか」という気持ちになった。

この気持ちは、直属の上司に何度も話して気づいた。「今、自分はこの子の心情をこう分析して、面会交流を積極的に考えられないのだが、どうだろうか。背景事情のひとつとして、思春期の女子特有の気持ちもあるように思われる。……もしかしたら、自分が昔こう感じていたから、その気持ちを過大評価しているのかもしれない……」上司と話している中で、自分が、昔の自分と重ね合わせて、面会交流に積極的になれなくなっていることに気づき、対処することができたと思う。

自分の価値観や考え方を全く排除して、当事者に関わることはできないので、自分がどう思っているかについては、客観的に見るよう努めている。だが、それが自分との対話だけでは困難な時がある。おそらく経験を積んでいけば、自分の中でできるようになるのだろうが、自分だけでは不十分かもしれないと感じる時は、誰かと話をしていく中で、自分の気持ちに気づくようにしている。

●母親を優遇しているわけではない

子どもは母親と一緒にいる方が幸せだと決めつけて、親権者を母親にしているのではないか、と言われる時がある。

現在の日本では、離婚の時には夫婦どちらか一方を親権者に指定する必要があり、夫婦の話し合いで決まらなければ、最終的には裁判所が親権者を決めることになる。その際、母親が親権者になることが多いのではないか、母親を優遇しているのではないかと批判されることがある。

実際は、どうか。体感としては、親権者は母親になることが多いように感じるが、決して母親を優遇しているわけではない。子どもの監護への関与の程度、その質、子どもの心情など、さまざまな観点から総合的に考えて、量的にも質的にも母親が育児を担う部分が大きく、母親を選ばざるをえないことが多いのである。特に、子どもの年齢が幼いほど、そう思うことが多い。

これは、父親個人の努力だけの問題ではないように感じている。みなさんは、1年以上、育休を取得した男性に会ったことがあるだろうか。時短勤務をしている男性に会ったことがあるだろうか。ゼロではないだろうが、限りなく少ないだろう。たとえ共働きでも、物理的に、父親が子どもに関われる時間が、母親と比べて少ないことが多いと感じる。欧米と比較して、日本の父親の育児時間が短いことはよく言われることである。

それをひしひしと感じる毎日だからだろうか。我が家では、夫が率先して家事をしている。今のところ、五分五分どころか、四対六、三対七くらいで、夫の方が多く家事を担っている。夫によれば、妊娠、出産は妻が十割負担だから、それ以外のところで男性が多く家事育児を負担しないと、平等な分担にはならないとのことである。夫は、将来は育休を取りたいという。家裁調査官は、男性も育休を取得している人が多いと感じる。私自身はまだ子どもを産み育てるかはわからないのだが、このままいけば、もしものときの親権者は父親になるかもしれないと思っている。

4　転勤と私生活

家裁調査官の特徴のひとつとして、全国転勤が挙げられるだろう。心理職において、複数の職場を持つことはあるにしても、３年前後で転勤があることは珍しいのではないだろうか。

転勤に対して、ポジティブに捉えるか、ネガティブに捉えるかは個人の性格や置かれた状況によるだろう。家裁調査官を目指している時点で、ある程度、転勤を受け入れていると思われるが、それでも全員が広域異動を希望しているわけではない。

私自身、どこかのカウンセラーになって、毎日、同じところに通って働き続けるということが想像できなかったので、転勤を楽しみにしていたのだが、それでも将来を考えると不安もあった。

採用時は、ひとまず地元近くを希望し、初任地は第一希望のところになった。地元に特段の思い入れはなかったが、地元近くであれば、親が安心するだろうという思いは少なからずあった。実際、初任地を伝えると、親はとても喜んでいた。地元に帰って就職した方が親孝行、というような名もなき圧力を感じていた部分もあると思う。

職場では、毎年、異動希望を聞かれる。初任地の後も、私は、とりあえず地元近くを希望し続けていた。特に希望地がなければ、一任することもできるのだが、その勇気が持てなかった。結婚、出産というライフプランを考えた時に、地元近くにいた方が良いのではないかと思ったからだ。

両親が共働きだったこともあり、幼い頃は、近所の祖父母によく面倒を見てもらっていた。母親は、仕事を続けられたのは祖父母のおかげだとよく言っていたので、子どもを育てながら仕事を続けるには、実家付近でないと厳しいのだろうと思っていた。まだ結婚するかどうかも決まっていないうちから、「地元近くで出産、子育て」と思い込んでいたところがある。全国を回りたいという気持ちと、結婚、出産するには地元に近い方がよいという気持ちの間に挟まれていたように思う。

結果として、私は数回転勤をしていて、すべて希望どおりだったとは言えないが、想定範囲内の異動になっている。住めば都とはよく言ったもので、なんとなく気が乗らないところに異動になっても、しばらくするとその土地の良さが見つかってくる。地域ごとに特産の野菜や果物、魚などが違うので、スーパーに行くだけでも楽しめるし、その土地のカフェや居酒屋でお気に入りの店が見つかったりする。酒好きとしては、その土地の魚と地酒が楽しめることが一番嬉しい。次第に、どこに異動になっても楽しく暮らせるということがわかってきた。

人間関係については、良くも悪くもリセットされる。職場内で、ちょっと合わないなと思う人がいても、転勤があると、気が楽になる。仲良くなった人と離れることの寂しさもあるが、このテクノロジーの時代なので、遠くにいても簡単に連絡は取れるし、会おうと思えば会いに行ける。

周りを見渡せば、夫婦どちらかの地元近くを拠点にして異動している人もいれば、夫婦どちらとも縁もゆかりもない土地に異動し、夫婦で協力して子育てをしている人もいる。子どもが小さいうちは、勤務地を一任して家族みんなで異動を楽しんでいるという人もいたし、配偶者とは週末婚をしているという人もいた。独身だから広域異動、家族がいるから近距離異動、ということでもなさそうだ。

私は、最近になってようやく、地元にこだわらなくてもよい気がしてきた。地元でなくても、子育てはできそうだし、会いに行こうと思えばどこにでも行けるし、私自身が新しい環境を楽しみたいという気持ちが強いことがわかってきたからだ。

きっと、今後の状況によっては、この気持ちも変わるのだろう。その時々に合わせて考えていきたいが、どこになっても運命だと受け入れて、その土地を楽しむ気持ちを忘れないようにしたい。

5　すべての経験が自己研鑽になる

家裁調査官は、最初の約2年間の研修後も、裁判所内において、定期的に研修の機会があり、最新の知見等を学ぶことができる。ただ、多くの家裁調査官は、プライベートでも「自己研鑽《さん》」を行っている。学会に参加するだけではなく、研究の成果を発表したり、仕事を続けながら大学院に通ったりする人もいる。家裁調査官の内部でも、仕事終わりや休日に大小さまざまな自主勉強会が開かれるので、私もできる限り参加するようにしている。

一方で、勉強だけが自己研鑽《さん》ではないと言われている。とあるベテラン家裁調査官は、「家裁調査官になるためには、何をしたらよいですか」という大学生の質問に対して、「演劇を見るのでもよいし、旅をするのでもよいし、スポーツをするのでもよい。いろいろなことに興味を持って、好奇心旺盛にチャレンジしてほしい。そのすべての経験が、家裁調査官の仕事に生きてくる」と答えていた。この言葉は、私自身にも響いた言葉である。

いろいろな経験をすることで、人としての深みにつながり、さまざまな価値観の人に寄り添い、柔軟に対応することができるようになるのではないかと思う。私も、社会人になってから、職場の人に誘われて、マラソンや登山を始めたり、ひとりで海外を旅したりするようになった。美術館や映画館は昔から好きで、今でもよく行っている。遊びは学び、ということを忘れずに、これからもさまざまな「自己研鑽《さん》」を行っていきたいと思っている。

これからも、私は家裁調査官を続けていくだろう。個人的には、できれば細く長くずっと働きたいと思っているので、家裁調査官を退職した後も何かしらの仕事ができればと考えている。一方で、この先、健康にいられるかはわからないし、何か状況が変わるかもしれないので、そのような時は、昔の自分に囚われずに、その時々で考えを変えていきたいと思う。

新型コロナウイルス感染症が蔓延する中で、変化を受け入れて、自分がどうしたいかを考えていくことが大切であると感じた。自分の考え方が変わることを否定せず、受け入れていきたい。

COLUMN 6

コラム6

「硬い」身体と、「関わる」身体

古賀絵子（NPO法人RRP研究会）

他者への暴力を課題とするクライエントに出会う機会が多い。彼らはドメスティック・バイオレンスや性暴力の加害者である。彼らの多くは、自身の行動を暴力と認識していなかったり、生きるために仕方ないと思っていたり、やめたいと思いながらやめられないという葛藤を抱えたりしながら、暴力を続けてきている。

彼らに会わない頃の私、心理士になる前の私は、「そういう人たち」の存在は、到底、受け入れ難かった。世界や身近に満ちている暴力のニュースに触れる度、何とかしなければという思いと、何かできるのか、という無力感が同時発生し、そうした行為の当事者に対しては、怒り以外の何かを感じることは難しかった。そうした時の身体の感じとしては、息をとめ、眉をひそめて口はへの字、腕や肩の関節は硬く、上半身は縮こまっている。身体の深部は冷え切っているといえるかもしれない。そうした思いを繰り返したせいではないだろうが、私の身体は硬い。娘が両足をまっすぐ横に広げて座り、前に両手を伸ばして床におでこをつけているのを横目に、私は前屈して手が床につかないのは残念というより他ない。

たまたま上司に勧められ、「加害者」に対応するようになった。ニュースで見る国家間の大きな暴力には太刀打ちできないけれど、ひとりひとりに向き合うことは私にもできるのでは、と希望を持った。彼らのひとりひとりが再び暴力を選択せず、更に被害者を増やさなければ、そして、そういう人々が増えれば、巡り巡って大きな暴力をなくすことにもつながるかもしれないと思った。そうしているうちに、彼らも「硬い」身体の持ち主である様子がわかってきた。彼らの身体には、親の暴力、親戚によるたらい回し、同級生による「自分が無き者であるかのような扱い」、社会からの助けのなさ、といった、「徹底的な劣位」（梨木、２００６）に置かれた記憶が焼き付いていたり、逆に、全てが何も無かったことになっていたりする。今では、再演、復讐、嗜癖《しへき》のような形で延々と行動化しているが、かつての苦しさに気づくことはなく、自身の身体と感情を切り離して生き延びてきている人が多いようだった。

加害行動をした場合、自身が暴力行為を選んだことについて、責任を引き受ける必要がある。自分の暴力行為が、被害者や被害者と関係ある人々、地域社会にどのような影響を与えたのかを知ることは、加害行動の責任を引き受ける作業の一環である。ただし、自身の身体に刻まれた劣位の感覚に気づかないでいる限り、被害者のそれに目を向けることは難しい。暴力とは、相手の身体を無視し、相手との境界を越えて侵入することでもある。自身の身体を無視した彼らが相手の身体に気づくことは、まず無理な話だろう。しかし、そんな感覚に気づくことは自身の身体の崩壊につながりかねないため、被害者や社会のせいにしたりしながら全力で抵抗することになる。責任の引き受け作業は難しい。そうした彼らを前に、また私の身体も硬直を強める。

斎藤（２００１）は、お互いに、心身の適切な距離感を保ったコミュニケーションが成り立つ基本として、「レスポンスする身体」を重視している。斎藤によれば、レスポンスする身体であるためには、ひとつの統一感のあるものとして自身の身体を感じられていること、身体の中心感覚と呼吸を意識し、その「気」は外部世界と交流していると意識できることが必要である。「互いの適切な距離感」や「自身の身体の統一感や中心感覚」、「自他の気の交流」などは、私が臨床で出会う「彼ら」にとっては、ずいぶんと前に奪われたか破壊されたか、手放したかしているため、その実現は一筋縄ではいかないだろう。彼らの前の私は、身体が硬直していようとも、とにかく息をし続ける必要がある。ありがたいことに息を「吸う」ことはいつの間にかできているのだが、「吐く」ことが止まりがちである。息を吐いたついでに、感じたことを相手に伝える。相手が理想的な受け止め方をしてくれなくても、とりあえず、私自身は率直な言葉を放つ必要がある。そして何か、「適切なレスポンス」があれば、それをつかまえて、また返す。それを続けているうちに、彼らの身体がほぐれ、程よい距離感のあるコミュニケーションが少し始まるかもしれない。そのことで、彼らが、自身の身体に気づき、遠い先には、被害者の心身に、どんな影響を与えたかに気づく時が来るかもしれない。

ジョギングから帰った息子が足首をぐるぐる回している。そう、身体の硬さに気づいてほぐす。そしてゆっくり息を吐く。相手の気を感じ、きちんと関わるために。

参考文献

梨木香歩（2006）『春になったら苺を摘みに』新潮文庫
斎藤孝（2001）『自然体のつくり方』太郎次郎社

第8章

科学者－実践家としてのワーク・ライフ
——明日からもがんばろう

藤野陽生（大阪大学）

本章は、心理職における仕事と私生活を、「科学者－実践家」という側面から考えた章となっている。話を始める前に、少し筆者自身の背景についてお伝えしておきたい。

私自身は、大学院を出た後は、場所は移りながらも主に大学に籍を置いて、業務の一部として、あるいは業務外の一部の時間に臨床の仕事を行ってきた。大学では、臨床心理士の養成を主とする学部・研究科、教員養成学部で仕事をしてきた。ごく最近も所属を移ったので少し環境が変わったが、本章の内容は、それまでに経験してきた内容や、私の関心が元になっている。タイトルの前提を覆すようでもあるが、私自身は「科学者－実践家」のような像を実践できていると胸を張って言えるわけではない。ただ、臨床心理学者としてそういった像を志向しながらやってきたのだろうと思う。そういった前提を頭に置いて読んでいただけると幸いである。大学という場以外にも、さまざまなセンターや拠点病院等で臨床を中心に研究も行っている科学者－実践家の方も数多くおられる。そういった場合には、また違った「科学者－実践家」の観点があると思われるが、今回は前記のような経験をしてきた者の立場から、若手科学者－実践家のワーク・ライフ、そのバランスについて考えてみたい。

1　科学者－実践家とは

最初に、そもそも「科学者－実践家」とはどういった人であるのかを考えてみたい。科学者というと、典型的なイメージとしては、実験室やフィールドでデータを収集し、その特性を解析する実験を行ったりするといったものがあるのではないだろうか。一方、実践家というと、臨床心理学においては開業して心理士として心理療法を実践するといったイメージであろうか。それぞれの仕事をする場所も研究機関や大学、相談室やオフィスといった形がよくあるように思われる。科学者－実践家としては、医師がモデルとしてよく取り上げられ、サイエンスにも患者の治療にも精通した像がしばしば描かれるが、心理士についてはどうであろうか。私が学生の頃に臨床心理学のテキスト等で読んでいた科学者－実践家モデルは、おおよそ米国の心理職養成モデルとして提案されていたものであった。科学的な視点や理解を持ちながら、実践家として臨床実践を行っていくというもので、基礎心理の知識や科学的な見方と臨床的な理解と支援技術の両方が大切といったものだったと思う。一見対立するふたつのものを、統合的にあるいは、相互に作用するように捉えていく、モデル化していく考えは、ある意味ではありきたりであるが、当時の私にとっては、心理士の在り方として、ひとつの視点を提供するものだったと思われる。こういった本を読んだり、人の話を聞いたりして、ある種の心理職には、そのような理想像があるのだと何となく思っていた。しかし、その一方で臨床実践にどっぷりとつかって、その中で浮かび上がってくる問題意識を研究に活かしていくといった、「仕事人」的なイメージへの憧れもあり、当初はキャリアの具体的イメージを持たないまま、臨床心理学の教育訓練を受けていた。

実際に大学院で訓練を受けていくうちに、科学性と実践の両者の乖離を感じてもやもやとした思いも抱き、そのような乖離をうまく解決できたとは言えないままに、自分自身の中での解決を探りながら今に至っているというのが私の現在の立ち位置と思われる。こういった観点は、自身のキャリアや経験によって変わるものであるが、どうしたら自身の経験や実践を自己肯定しながら、効力感を高めていけるだろうかという問題意識にもつながっている。ここでは若手の視点から科学者－実践家としてのワーク・ライフをどう考えるのか、そして科学者－実践家にとってのワーク・ライフ・バランスにはどのような課題があるのかといったことについて考えてみたい。

なお、本章では科学者としての立場は「科学者」あるいは「研究者」、実践家としての立場は「実践家」「臨床家」などいくつかの表現を適宜、文脈に応じて概ね交換可能なものとして記述している。

2　若手の科学者－実践家

「若手の科学者－実践家」と聞くと、いかにもという感じがして少し妙な気もするが、若手が科学者－実践家として仕事、生活をしていく上では、あれこれと考えることが出てくる。先にも述べた通り、科学者－実践家モデルは、心理士の理想像の一つとなってきた。しかし、このような臨床と研究というふたつの要素を両立させるには、しばしば困難がある。そのようなモデルで描かれている像と若手の現実を比較してみると、科学者－実践家モデルは、あくまで理想像、幻想のようなもので、実際には達成困難なものではなかろうかとも考えてしまう。つまり、現実の若手は科学者としては論文や研究成果といった実績が十分になく、実践家としては臨床経験が少ない。そのために、科学者としても実践家としても自分は中途半端なのではないかと感じてしまう。心理士として実践を続けている人たちの専門性や経験の豊富さには及ばない、そして、同時に研究を専門としてやっている方々にも研究に関する知識や受けてきた訓練に及ばない。しかしその一方で、研究と臨床の両面に貢献しようとしていることを周りから評価してほしいと思う部分もある。研究者として科学的知見の蓄積に奉仕したいと思う気持ちもあり、臨床実践を重ねて自身の臨床家としての実力を確かなものにしていきたいと切望する部分もある。私見ではあるが、どっちつかずのままであってもその中で自らの立ち位置を見つけて何とかやっていこうとしている、というのが科学者－実践家として若手が感じる苦難ではないだろうか。

若手の科学者－実践家の自尊心を支えているものは何であるかと考えてみると、一つには、科学に携わり、その成果を実践にも還元していくことに携わっているということである。実践と研究をつなげながら仕事をしていることは、自己肯定感を高めることにつながっている部分もある。自分のやっている実践を検証したり、臨床で考えている着想を調査して検証してみたりといったことは、それ自体やりがいもあり、仕事に対する動機づけにもなっている。臨床の仕事を業としてやっている心理士からは、そのような実践や理論を支える研究もやっていることを評価してもらえることもある。しかし、それと裏表になるのが、臨床も研究もどちらも中途半端になってしまうのではないかという不安である。臨床と研究、どちらもが高い水準で実現できていれば良いのだが、実際はなかなかに難しい。自分のできることややってきたことを考えてみると、科学者としての知識や観点、業績では、心理学の研究者や関連領域の研究者と比べると見劣りしてしまうし、ミーティングなどで科学的な議論をしていても弱みを感じてしまうことがある。そして、一方の臨床では、臨床業務を主としている心理職には経験の幅広さでは太刀打ちできないし、臨床経験でも劣るだろうと妙に劣等感を持ってしまうことがある。経験の蓄積とともに変わってくるとはいえ、若手であるうちは、なかなか悩ましい思いをすることもあるのではなかろうか。

●若手はつらいよ

こんな節題で恐縮であるが、なかなか大変ということは同じような立場の方からは同意いただけるのではないかと思う。もちろん、研究者として常勤職についていることで、十分恵まれていると言われる部分もあるが、その中でも苦労は付きまとうものである。研究者として求められる役割へのプレッシャーはこの十数年ほどでもかなり大きく変化してきた。そして、数字を見るとどうも若手にとってはなかなか厳しい状況が続いているようである。国立大学のみのデータではあるが、40歳未満で任期付きで雇用されている人の割合は38・８％（２００７年）から64・２％（２０１７年）まで大きく増加している（内閣府、２０２０）。そのような傾向は、いわゆる研究大学でより顕著になっている。常に将来の心配をしながら仕事をしていくということは、自身の人生を考えた時に、キャリアの道筋を考えていくのは難しい。５年後あるいは、10年後、どこかで職が見つかっているかもしれないが、見つかっていないかもしれない。若手層の研究者では有期雇用である場合に、そうでない場合と比較して心理的苦痛が高いことがある（Takahashi et al., 2019）。近年は研究者の流動性を高めることが指向されている。新しい環境や出会いは、その後のキャリア生活に大きなプラスになる可能性もある一方で、負担も伴う。

さらに、近年の科学に関わる動向としては、生活にダイレクトに関わる雇用の問題以外にも、科学自体に関わる問題も山積みとなっている。メジャーなところでは、心理学における再現性問題、研究で得られた知見の一般化可能性の問題、理論の発展に寄与していくこと、「出版か消え去るか」といった競争、延々と続けられる大学改革へ対応していかなければならないこと、数え上げればきりがなく、こうして書いているだけでもため息をつきたくなってしまう。研究者としての評価も香港原則（Moher et al., 2020）などにあるように、従来から使われてきた論文出版の数や被引用数ばかりでなく、責任ある研究の実践を評価すること、オープン・サイエンスの実践を評価に含めること、研究実践の多様性を認めることなど、健全化に向けた努力も注目されるようになり、従来とは求められる価値基準も変化しつつある。若手は、現代の科学に携わる者として、このような問題に自身がどう向き合っていくのかということを考えながら仕事をしていかざるを得ないのかもしれない。

●若手の頃の仕事

大きな発見や貢献をした科学者に関するある研究によると、20代から30代頃の仕事が、その後大きく評価される仕事につながっているという（Jones et al., 2014）。こういった話を聞くと、若手である頃に持っていた発想や経験、どのような仕事をしたかといったことが大切なことと思われる。当然ながらこのような話には強力な選択バイアスもあり、因果関係も何もない話ではあるが、自身の人生に関してはN＝1で検証実験もできない。そのため、多かれ少なかれ過去の先人たちの状況に関する知識や周囲の先達をロールモデルとして自身の将来像を描いていくことになる。そういった中で、若手として、自分を支えるものが何であるかということを考えることもある。若手である時期は、自分の研究なり実践なりを十分にやっている、やってきたといった確信が持てない時期、あるいは経験が少ない時期でもある。そういった時期に、臨床や研究で自分を支えるのは理論や過去の偉人、あるいはスーパーヴィジョンや研究の指導者、共同研究者といった人たちである。そのようなつながりや支え、自身の仕事を指導してもらったり、認めてもらったりすることで何とかやっていくことができるのではなかろうか。とはいえ、先ほど紹介した研究者対象の調査（Takahashi et al., 2019）では、そういった周囲からの支えは心理的苦痛にはそれほど関係せず、仕事量や負担感、対人関係の困難といったものが関係しているようではあるが。いずれにせよ、自分自身が若手である間にどのような経験をして、どのような方向性の仕事をやっていくのかということを考えると、30代半ばとなってきた私としては、焦りを感じつつ、今の自分に何ができているだろうかと少し苦しく思ってしまうところもある。

仕事の量として考えると、しばしば課題になるのは、臨床か研究かといった問題がある。臨床はしばしば心情的にも削ることは難しい。また、非常勤で他の施設等で臨床をしている場合には、そこで得られる収入が生活にも影響することがある。それに対して、研究は割く時間が少なくなったところで、すぐにはその効果がわかりにくい。確実に時間は減っているのだが、それがなければ仕事が回らない、誰かに直接迷惑をかけるといったことが生じにくい（研究の体制や規模によるが）。少しずつ仕事が後回しになっていくうちに、気がつけば論文を書いていなかった、発表できる成果がなかったといったことになる。もう少し言うと、「気がつけば」というよりも、どこか頭にはあって、とても気になっているのだが、結局後回しになってしまっているといった具合である。このまま流されていくと，そのうち成果を発表できる機会がなくなり，研究費も取れなくなると，ますます研究をする時間が無くなって……と負のフィードバック・ループから抜け出せなくなるのではないか，といった不安が頭をもたげてくる。

臨床や研究以外の仕事もある。学会などの役職や外部委員などの仕事は，自分が評価されているということでありがたいと思うし，ある程度若い人が入っていくことで，その組織や自身のこれからの活動に何か良い影響があるのではないかと思ったりもしている。しかし，その一方でその時間をもう少し臨床や研究に割きたいと思いもする。仕事だけでなくプライベートも含めて有限の時間をどう使うのか，自分の持っているリソースを何に注ぎ込んでいくのかということだと思われる。しかし，実際にはお世話になった方に応えたいといった思いや，自分の役割を考えると断るわけにもいかないし，自分のためにもなるといった側面もあり，自分の思いだけで決められる訳ではないという思いと，結局自分で選んでいるのだという考えが出てきてため息をついている。

3　ワークとライフ（仕事と私生活）――科学者－実践家にとっての仕事と私生活とは？

科学者であり実践家である。ある側面について言い換えると，研究と臨床が直結しているということになるだろうか。研究して明らかになった成果を臨床実践で使い，臨床実践で取得したデータを研究に使っていく。一見したところ理想的で，非常に効率的でもあるように思える。そして，そのような効率的な仕事ができていれば，時間を効率的に使って，充実した私生活を過ごすことができる，かのように思われた。しかし，そううまくはいかないのが世の常である。

仕事自体は嫌いではないし，個々の仕事は大変ではあっても，それぞれにやりがいはある（単純作業の続く細かな事務処理や，必要以上に時間を取られて頭の痛くなることがある会計手続きを除けば……）。もちろん仕事だけでなく、家庭や自分のためにも時間を使いたい。科学者－実践家としては、研究や臨床が「中心」と言いたいところであるが、実際に割いている時間としては、それ以外の時間が大半である。講義や演習、学生への対応などの教育や学内の会議や事務仕事などがあり、それらの時間の合間に研究や臨床の仕事がある。学生を育て、将来を担う人を育てていくことは、それ自体やりがいのあることで、自身もそういった中で学ぶことも多いし、楽しみにもしている。しかし、時間の制約がある場合には、それが負担に感じられてしまうことがある。そういった仕事に対してのモチベーションを保つためにも職業生活とは別に、自分のために時間を使うことや、家族と過ごす時間を取るなどして、私生活とのバランスを考えていくことは大切だと実感するようになってきた。

少し具体的なことで考えてみると、大学院の頃を含め、私が独身で生活をしていた間は、朝から晩まで仕事をするといったこともよくあった。日中に臨床活動や他の業務を行い、夕方から夜にかけて研究関連の仕事をしていくといった具合である。週末は当たり前のように大学で仕事をしていた。こういった生活は、「若手」ではそれほど珍しくないのではなかろうか。一時期は12～15時間ほど職場に滞在するのが常となっていた。そういった生活をしている時には、研究や臨床に時間を割くことは当然と思っていた。また、仕事を始めたばかりで、これから臨床家としても、研究者としても成長していくために少しでも努力しよう、とにかく頑張ろうといった思いもあったと思う。

もちろん、そんな生活をしていると日中眠くなって、「ちゃんと睡眠を取らないと」とか「もうちょっとリフレッシュできる休暇をまとめて何日か取りたい」と言いつつ、結局、大半の時間を仕事に割いて過ごしていた。今考えるとかなり無理があると思うし、そこまで時間をかける必要もなかったのではとも思う。しかし、その時には、そうしなければいけないようにも感じていた。そして、「忙しい生活」をしていることへの自己満足と、「忙しいから、○○できなくても仕方がない」といった、どこか言い訳めいた動機もあっただろうか。結婚してからも、前記のような形で仕事をすることもあったが、以前よりも幾分ペースは落ちて、私生活の方に割く時間が増えていった。そして、子どもが生まれる前後からは、土日は家族と過ごすようになり、夜も子どもと過ごしたりする時間ができるようになった。自宅に帰ってからや休日には家族や自分のための時間を取りたいし、仕事から離れる時間も取りたい。そして、家族に対して仕事ばかり優先する人間だと見られたくないといった思いも手伝って、仕事に割く時間は相対的に少なくなっていった。そうして幾分は生活と仕事のバランスは改善されたものの、やはり「良い」バランスを維持することは難しい。

職業生活という点から考えると、自身のキャリアをどう考えていくかというトピックがある。先にも挙げたような任期付きの仕事では、私生活と職業生活のバランスを考えていくにも、３年後、あるいは5年後の職場や生活場所、生活形態が定まらないと、将来設計が難しいところがある。もちろん、その時その時で状況に合わせて柔軟に対応していく、ということに尽きるのだろうが、そういったプレッシャーは、まだ十分な実績があるわけではない若手にとって、抱えていくのはやはり大変なことである。私生活の方に時間を割こうにも、この業界での競争に生き残れないのではないか、自分は評価されなくなるのではないか、自分の業績が評価されないと次の仕事が得られず職を失ってしまうのではないだろうかといった不安があると感じる。今、少しくらい自分の私生活の時間を削ってでも、仕事の方に時間を割いて、将来の不安材料を減らした方が良いのではないだろうか、時間のマネジメントを考える時には、そんな考えが頭をよぎる。このような不安と焦りは、常に考えているわけではないが、どこか頭の片隅にあって、ことあるごとに顔を出してくるものである。

私自身は、仕事と私生活のバランスについては自身の私生活（ライフ）の方を削って、臨床や研究（ワーク）のための時間を捻出するという生活をしてきていた。その後、家庭の状況の変化、子どもが生まれる経験をしたこと、そして２０２０年には新型コロナウイルス感染症の影響で、生活にも大きな変化があった。翌年には職場を変わることにもなり、そういった経験を通じて、少しずつ考えが変わってきた。新型コロナウイルスの影響拡大によって仕事や生活が大きく影響されることは避けられなかったが、私にとっては家で過ごす時間がかなり増えたことは幸いなことでもあった。その分のストレスもあるが、家族と過ごす時間が増えたことで、より家族のことを大切にしようと思えるようになったと感じる。それまでは家族のことは大事ではあっても、やはり今後のことを考えて仕事を優先すべきと考えていたものが、外的な状況が大きく変わったことで、自身の認識も変わっていったように思う。家族と過ごす時間を大事にして、「当たり前の生活」をしていくことが本当に大切で、そうしていて良いのだと思えるようになってきたように感じている。

4　若手の科学者－実践家として

私たちは、科学者－実践家として、どうしていけば良いのであろうか。国内では近年の研究不正に関わる動向や、科学分野における国際的地位の凋落《ちょうらく》といった問題が取り上げられ、科学者に対するナイーブな信頼も崩れつつあるなかで、科学者としての自身のアイデンティティや自身が何をしていくかということも問い直されていると感じる。そういった状況下で、日本でもワーク・ライフ・バランスが変わっていくとともに、科学者－実践家のあり方も将来的には変わっていくのかもしれない。現在でも自身が胸を張って科学者－実践家と言えるわけではないが、科学者として、実践家としての自身の立ち位置を見出していきたい。と、こんなことを言っている間に、若手ではなくなっていってしまうのだろうと戦々恐々としている。

臨床も研究も、ひとりでできることには限りがある。臨床ではひとりで対応できるクライエントの数も問題も範囲は限られているし、セラピスト自身の知識も経験の範囲も限られている。面接をするのは自分であっても、一緒に取り組んでいる人や協力してくれる人がいることは、本当に得難いものである。研究についても、ひとりでカバーできる範囲は狭い。本当に狭い。この十年ほどの間に、ほとんどの領域の文献が急速に増加している。そういった中で、最新の情報についていくだけでも大変である。ちなみに、私が以前関心を持っていたうつ病領域の研究についてもフォローしていこうと思っていたが，毎年膨大な研究が出版され，机に積んだままの文献が増えていった。2，3年もすると追いつけなくなり，今ではすっかり昔の知識になってしまっている。こういったインプットをしていないと，なかなか自身の創造性や経験だけでは臨床も研究もやっていけない。さまざまな文献を読んだり人と話をしたり，議論をしたり，新たな知識を得たり，さまざまな対話を通じて新たな知性や文化に触れる中で自身のアイディアが形になっていく。他の人たちは，自分にない知識や観点を持っている。他の人とつながっていくことで，全部を自分がする必要がなくなり，いろいろなプレッシャーが幾分和らぐように思う。

とはいえ，研究の動向についていくのも大変で，もう少しスローダウンしては，という話もあるくらいである（Frith, 2020）。実践についてもさまざまな機器が利用されるようになったり，公的な医療制度が適用される領域を中心に，少しずつ変わってきている。研究のスピードが速い分，私たちも臨床実践にそれらを取り入れていく，自身の行動を変化させていくことも必要になる（が，それにも一苦労する）。そして，「若い」と思っていた自身もこれを執筆している時点では30代半ばに差し掛かり，年齢だけの問題ではないが，以前のような「若さ」がなくなってきたと感じるようになった。いつまでも若手と言っていられないし，自分がもっとできることをやっていかないといけないといった思いも出てくるようになった。

●科学者－実践家の可能性

近年，さまざまな要請から組織の目的や役割も教育，研究，社会貢献などに分割されてきた。分かれているのは一見効率が良いかもしれないが，そういった枠組みが用意されて，その枠組みに当てはめるように自らを縛っていくのは何とも息苦しい。「この組織のミッションは○○だから，○○をやっていかなければならない」といった思考に入っていくと，本当に未来が辛くなっていく。ついつい先の生活や評価のことを考えてしまうが，私の尊敬する先生が「周りの評価は気にしたことがない」と言われて，衝撃を受けたことがある。私は周りからどう見られているか、どう評価されているかといったことを気にしてしまう質《たち》なので、そのような私には、その先生の言葉は本当に鮮烈なものだった。臨床心理学者としては、臨床実践だけでない、科学研究だけでもない、狭間にあったとしても自分の役割を縛らずに、自分の実現しようとすることを目指していく、そんな思いを大切にしていきたいものである。

それぞれの時代での「今」があり、私たちの目の前の課題や問題に向き合っていかないといけないのだろう。こういった問題は、それ以前の世代が経験していない問題で、「若手」である私たちが当事者として向き合っていく課題である。そして、科学者－実践家として活躍する若手が元気に活動できるコミュニティが形成されていくことを期待している。このような経験を分かち合うことで、若手である自分自身、そして立場を同じくする若手の臨床家、研究者のために少しでも貢献できることを願っている。そして、若手の一人として、未来に向けて明日からもがんばっていきたい。

引用文献

Frith, U.（2020）. Fast lane to slow science. *Trends in Cognitive Sciences*, 24 (1), 1-2.

Jones, B., Reedy, E.J., & Weinberg, B.A.（2014）. Age and scientific genius. *NBER Working Paper*, 1986.

Moher, D., Bouter, L., Kleinert, S., Glasziou, P., Sham, M. H., Barbour, V., ... Dirnagl, U.（2020）. The Hong Kong Principles for assessing researchers: Fostering research integrity. *PLoS Biology*, 18(7), e3000737.

内閣府（２０２０）「総合科学技術・イノベーション会議資料」

Takahashi, T., Hori, D., Ikeda, T., Ikeda, Y., Shiraki, N., Andrea, C. S., ... Matsuzaki, I.（2019）. Non-regular employment status is associated with psychological distress among young researchers: A cross-sectional study in Tsukuba, Japan. *Tohoku Journal of Experimental Medicine*, 249 (1), 57-64.

C O L U M N 7

コラム7

スーパーヴァイジーからスーパーヴァイザーへの役割移行

細越寛樹（関西大学）

不惑のはずの40歳に到達した今現在でも、この役割移行がきちんとできているのか、自分にスーパーヴァイザーとして必要なスキルや能力が十分にあるのか、疑問や不安を感じることも少なくない。日本ではそこまで強調されていないように思うが、海外ではスーパーヴァイジーのクライエントに何かあった時、その責任をとるのはスーパーヴァイザーであると恩師の先生から聞いたことがある。それを思い出す度に、みぞおち辺りに嫌な重みがのしかかってきて、スーパーヴァイザーの責任の大きさを痛感する。今後も、自分が一切の不安なくスーパーヴィジョンをできるようになる気はしない。それでも、セラピストとしてクライエントに会い、時にスーパーヴァイジーとして先達に教えを請い、そしてスーパーヴァイザーとしてセラピストの養成に微力ながらも携わる。右往左往しながら、この三つの役割をぐるぐると続けていくのだろうと思う。ここに至るまでの道のりを思い返すと、私の中では大きく三つのステップがあったことに気づく。

最初のステップは、はじめてスーパーヴァイザーという役割を担うことになった時で、当時29歳。ある心理的介入プログラムの臨床試験に実施者として参加し、しばらくはベテランからスーパーヴァイズを受ける立場であったが、数年後には新たに加わった実施者のスーパーヴィジョンをする役割が回ってきた。本当に自分に務まるのか、とても不安になった。ベテランの先生には、「スーパーヴィジョンのスーパーヴィジョンをして欲しい」とも頼んだ。この時は、スーパーヴァイジーの多くが大学院の後輩であり、臨床試験という枠組みがあるので、難しい問題はベテランの先生に相談できる環境であった。不安を抱えながらのスタートであったが、今思うと、初めてのスーパーヴィジョンを安心できる枠組みの中でできたのは、とても恵まれていたと思う。

次のステップは、その臨床試験の終了後にやってきた。プログラムの有効性が認められ、実用化に向けたプログラム改訂に深く関わるようになり、徐々に講師役のような立場になっていった。新たに加わった実施者は、広く公募する形で迎えられた先生方であった。そこには、臨床家としての経験年数も、その領域での職歴も、そのプログラムで採用しているオリエンテーションでの実践歴も、私よりずっと上の方もいた。当時31歳。そんな先生方を相手に、私が集合研修の講師だけでなく、スーパーヴァイザーも務めることになった。自分よりもあらゆる面で経験値の高い先生方にどんなスーパーヴァイズができるのか、相手もこんな若輩がスーパーヴァイザーでは嫌ではないか、そんな不安や恐怖が尽きなかった。それでも役割としてやるしかない。プログラムの進め方やその意図については教えられることがあるはず。そこで、目上のクライエントと面接する場面というスタンスで、相手の持つ力やスキルや工夫をとにかく尊重し、それをうまくプログラムに活かすためのサポートをする、ということを意識して臨むようにした。この頃はスーパーヴァイジーからの評価をかなり気にしながらやっていたが、幸いなことに数名のスーパーヴァイジーから、私のスーパーヴィジョンを肯定的に評価してもらえることもあった。この経験は、今でも自分がスーパーヴァイザーを続けるうえでの支えになっている。

最後のステップは、以前の同僚から大学院生の個人スーパーヴィジョンを頼まれた時である。当時34歳。これまでは臨床試験という枠組みがあり、スーパーヴィジョンの目的は、プログラムの適切な実施が中心で、スーパーヴァイジーも一定のトレーニングを受けてきた先生方であった。しかし、大学院生の個人スーパーヴィジョンはこれと大きく異なる。基本的なコミュニケーション・スキルや専門性の向上を促し、折りに触れてその評価をしながら、場合によっては厳しい対応をすることが求められ、担当ケースのクライエントに対しては最終的な責任を負うなど、求められる目的や役割や責任は大幅に拡大する。自分の大学院生時代を振り返ると、この時期に経験したスーパーヴィジョンの影響は、計り知れないほど多面的かつ大きい。そんな大役が自分に務まるのか、恩師の先生方のような存在に自分がなれるのか、これまで以上の重圧を感じた。その結果、相手にも私がスーパーヴァイザーで良いかをきちんと選んでもらう必要があると考えて、スーパーヴァイジーにお願いしたい条件を事前に知らせ、最終的な意思確認のための面談も行った。実際にスーパーヴァイジーがケースを担当するまでの期間には、友人相手にロールプレイを行って動画を撮ってもらい、それを使った基本的コミュニケーション・スキルの指導もさせてもらった。少しやり過ぎだったかもしれないが、私が個人スーパーヴィジョンを覚悟と責任を持って引き受けるために必要なことであったと思う。

そして、現在は不惑のはずの40歳。数年前に新たにはじめた臨床試験でも、スタート時は私もスーパーヴァイジーとなり、徐々にスーパーヴァイザーへと移行した。相互研鑽も目的に導入しているグループ・スーパーヴィジョンでもさまざまな立場で関わっている。その中で、セラピストとしての自分、スーパーヴァイジーとしての自分、スーパーヴァイザーとしての自分があり、かつ他者がそれぞれの役割を務める姿も客観的に見ることができる。はっきり言って、自分の未熟さにあらゆる面から気づかされるので、落ち込んだり反省したりの連続である。しかし、それでもやはりこの仕事は面白い。まだまだ成長できる余地があると前向きに考え、精一杯できることに取り組んでいる。きっと50歳になっても60歳になっても不安になったり落ち込んだりはするだろうが、そこに意味や面白さを感じて続けていければいいのだと思う。

第9章　キンダーカウンセラーのワーク・ライフ
——ある非常勤複数掛け持ち臨床心理士の日常

原口喜充（近畿大学九州短期大学）

1　はじめに

私は心理臨床（以下、「臨床」とする）の仕事が大好きである。臨床心理士の資格を取得して働くことは、中学3年生からの長年の夢であったし、実際に学び始めてみると想像していた以上に奥が深い。何より、日々のクライエントたちとの関わりは、私にとっては興味深く刺激的で、もっとたくさんの方々にお会いしたい、また、これまで自分が臨床心理士として経験したことについても、じっくり振り返って事例研究として整理したい、と思っている。私にとって、臨床心理士の道に進んだことは、正解だったと強く思う。

そのような考えのもと、非常勤のいろいろな仕事を掛け持ちし、心理士として働いている。また、研究会や勉強会にも参加し、刺激的な毎日を送ることができていると感じる。

一方、仕事の掛け持ちと複数の研究会・勉強会への参加、研修への参加、論文の執筆とあまり休む暇がない。大好きだと言った臨床の仕事も、さすがに連日の出ずっぱりで疲労感が溜まってくると、しんどいと感じる。もっと眠りたいし、たまにはぷらっと遊びに行きたい。髪も切りに行きたいし、家族との時間を過ごしたい。メダカのお世話をしたい。パスタを作りたい。今日ぐらい仕事を休んで、一日だらだらして過ごしたい……。

やや大げさに書いたが、これが私のありふれた日常である。ワークとライフのバランスは、誰が見ても悪いと言わざるを得ないだろう。

今回は、キンダーカウンセラーとして働きながら、このような日々を過ごしてきた心理臨床家のひとりとして、自分なりにワーク・ライフ・バランスについて葛藤してきたことを言葉にしてみようと思う。なお、今回は私と同世代（執筆時30歳）か更に若手の心理士、または心理士を目指していたり、目指してみようかと考えていたりする学生を読者として想定し、自分がこれまで知りたかったことを書くことにする。なお、タイトルにもある通り、私はキンダーカウンセラーという仕事を専門として働いてきたが、実際にはそれ以外の仕事も同時にやってきた。そのため、「非常勤複数掛け持ち」心理士のひとりとして、この原稿を書き進めたい。

2　仕事と家庭

ワーク・ライフ・バランスという言葉について私は専門家でないため、その明確な定義や詳しい背景を知らない。あえて調べずに、私にとって「ワーク」と「ライフ」が何を指しているのかを考えてみたところ、以下のように整理するのがわかりやすいのではないかと思った。

私にとっての「ワーク」とは、仕事というよりも労働という言葉がしっくりくる。この場合、「ワーク」の目的は「お金を稼ぐこと」である。一方、「ライフ」については、のんびりしたり、趣味の活動に取り組むといった、自分の時間を過ごすことや、家族や友人といった親しい人との時間を過ごすことのように思う。「プライベート」と言い換えてもいいかもしれない。「はじめに」の中で、仕事や研究会が忙しくてできないと私が書いたものは、「ライフ」と言えそうである。

では、私が大好きな「臨床」はどうであろうか。仕事と言ってしまえばそれまでだが、そのように割り切れるだろうか。専門家としてクライエントにお会いし、その対価としてお金をいただいているという部分は、「ワーク」と言って差し支えないであろう。ただ、就業時間または時給が発生する時間以外でも、誰もがクライエントのことを、多かれ少なかれ考えるのではないだろうか。ケースに関連した文献を読み漁ることに没頭することもあれば、私自身は夜にひとりウイスキーを飲んでいる時に、ふとクライエントさんのことが頭に浮かんでくることもある。このような時間は、絶対にやらなければならないわけではないし、別にやらなかったからといって、職場で怒られることもない。ケースのことを考えるのは、時に悩ましく時に苦しいが、少なくとも私にとってはいやな時間ではない。

また、場合によっては、教育分析などといって、自分の労働以外の時間に、自分自身がベテランの心理臨床家の元へ足を運ぶこともある。教育分析は、臨床家の鍛錬の中で重要なものであり、私の身近では臨床で行き詰まった時に通い始める人も少なくない。かと言って、これが完全に「ワーク」に属するかというと、臨床に行き詰まっている時というのは、おおよそプライベートの方でも何かしら引っかかりがあったりするし、そうでなくとも教育分析を通して自分と向き合っていくと、おのずと考え方、そして生き方が変わってくる。何より、定期的に分析に通うことは、お金も時間も、そして心理的なエネルギーも膨大に費やすことになる。

臨床をワークと割り切れない考え方について、ワーク・ライフ・バランスが悪いと言われるならば私もそう思う。しかし、私はこのようにやってきた。私にとっては、勉強や教育分析、クライエントさんについて考えることを含めた「臨床」は、単に「ワーク」とは割り切れない、「ライフ」にも入り込んでくるものだと言える。「臨床」をワークとライフの両方にまたがる中間領域に位置づけた上で、考えていきたいと思う。

3　キンダー・カウンセリングという臨床

私の臨床心理士としての専門のひとつは「キンダー・カウンセリング」である。ここからは、キンダー・カウンセリングについて私なりに紹介した上で、ひとりの若手キンダーカウンセラーの「ワーク」と「ライフ」の実際について述べていく。

●キンダー・カウンセリングとは何か

まず、キンダー・カウンセリングとは、大阪や京都、兵庫で展開されている保育心理臨床の一形態であり、簡単に言うと、スクールカウンセラーの幼稚園（認定こども園）版である。ネーミングの明確な理由を知らないが、おそらくキンダー・カウンセリングの「キンダー」はKindergarten（幼稚園）から来ているのであろう。歴史的には、2003年に大阪府私立幼稚園連盟によって始まった「キンダーカウンセラー事業」（安家ら、2004）を皮切りに、2009年からは京都府私立幼稚園連盟にて臨床心理士をカウンセラーとする事業が行われており（菅野、2011、馬見塚、2014）、2018年度からは兵庫県においても同様の取り組みが開始されたと聞く。これらの事業には、各府県の臨床心理士会が関与しており、キンダーカウンセラーのほとんどは臨床心理士の有資格者である。

活動内容としては、府県、または園ごとに違いはあるものの、園児の観察を行った上で、保育者や保護者とカウンセリングやコンサルテーションを行い、場合によっては園内での講演や研修を担当することもある。勤務時間については、大阪や京都の場合一日6時間が標準的である。頻度については園ごとのばらつきが大きいが、最大でも週1回、一般的には月1回程度か、もっと少ないことも稀ではない。

ちなみに、キンダー・カウンセリングと類似の、もしくはより包括的な臨床を指す「保育カウンセリング」という言葉もあり、日本各地で臨床心理士による組織的な保育心理臨床が展開してきている（日野市立幼稚園長会、

２０１５、横浜市旭区子ども家庭支援課、２０１８、福井県健康福祉部子ども家庭課、２０１２、伊東・根塚、２０１８など）。

●キンダー・カウンセリングの意義

幼稚園や保育所における心理臨床は、①早期支援を行うことができる、②誰もが来る場所である、という2点で意義深いと考えている。私自身のこれまでの臨床を振り返ると、幼児だけでなく、小学生、中学生、場合によっては高齢者に至るまで幅広い方に関わってきた。様々な方の成育歴をうかがう中で、「誰かがもう少し早く気づいてあげたら、ここまで傷つくことはなかったのかもしれない」と思うことが、一度や二度ではなかった。

例えば、発達の早期発見・早期支援といった場合、乳幼児健診で気づかれて定期的な発達フォローがなされていくが、発達のアンバランスな子の中には健診だと気になる様子が見えにくい子もいる。このような子たちは、保育所や幼稚園といった集団に入ると困り感が目立ち、保育者から見て気になる子と言われたりする。また、保育現場はこれまで家庭内が中心だった親子の世界を、初めて他者が日常的に見ることができる場所でもある。このように、これまで気づかれなかった、発達のアンバランスさや親子関係のずれに、他者が気づき介入していくポテンシャルが幼稚園や保育所にはある。

更に、保育心理臨床の中でもキンダー・カウンセリングに特徴的な点として、③「専属性」（原口・馬見塚・矢本、２０１８）という観点がある。地域の公的な機関から心理士等が派遣されて園を訪れる巡回相談と違い、キンダーカウンセラーは園との間で個別に直接契約を結ぶ、「専属」カウンセラーである。そのため、園の特徴やニーズに合わせて、活動内容に工夫を凝らすことができる自由度も大きくなる。キンダーカウンセラーは園の常勤職員ではないものの、ある意味では園の内部の存在として、よりディープな保育心理臨床を行う可能性を秘めているのである。

●私とキンダー・カウンセリング

私自身は学部の４回生からの９年間、週に１回以上は幼稚園を訪れる機会をいただいた。一番多いときには、四つの幼稚園・認定こども園のキンダーカウンセラーとして、合わせて週２回ほど働いていたが、これはいろいろなご縁が重なった結果であり、かなり稀なケースであると思われる。

最初のご縁は学部４回生の頃に関わっていたボランティア先の先輩心理士に幼稚園現場に誘っていただいたことである。最初は幼児への興味から幼稚園という現場に入ってみたが、日々子どもたちと関わっている保育者のすごさに衝撃を受けた。と同時に、保育者の苦労を目の当たりにし、自分自身の専門性を活かして少しでも力になりたいと思った。すぐに勉強を始めてみたものの、「保育カウンセリング」や「キンダー・カウンセリング」という言葉の入った文献は限られていた。そのため、博士論文をキンダー・カウンセリングにおける保育者支援をテーマに執筆することに決めて研究を続け（原口、２０１８など）、先日何とか提出することができた。また、先輩キンダーカウンセラーの先生方と研究会を行い、学会発表を重ねている（原口・馬見塚・矢本、２０１８、馬見塚・矢本・原口、２０１９、矢本・原口・嶋野、２０２０）。研究会には、現在は私よりさらに若い、熱心なキンダーカウンセラーのおふたりにも加わっていただき、研究を続けている。今後も研究発表を続けていくつもりなので、興味のある方はぜひ発表を見に来ていただきたい。お話ししましょう。ちなみに、研究会新メンバーのひとりは、まさに私たちの２０１８年の発表の際にお声掛けいただいたのが、ご縁の始まりであった。

４　キンダーカウンセラーとワーク

●キンダーカウンセラーの稼ぎ

次に、キンダーカウンセラーと「ワーク」、特にお金を稼ぐという側面について、できるだけ赤裸々にお伝えしてみたい。

上述の通り、大阪や京都ではキンダーカウンセラーの一日の勤務時間は6時間が標準的であり、時給はその地域のスクールカウンセラーと同程度と高水準である。週2回働いたとすれば、1ヶ月に20万円以上の収入になり、これは非常に恵まれていると言えるだろう。

ただ、キンダーカウンセラーを「稼ぎ」の柱としていくにはいくつかの困難も伴う。まず、キンダー・カウンセリングの頻度は、月1回かそれ以下の場合が多い。そのため、日給は大変ありがたいが、それだけで生活していけるわけではない。さらに、スクールカウンセラーも同様かもしれないが、夏休みや冬休みといった長期休みの際に仕事がなくなったりすると、その期間は無収入となる。近年では新型コロナウイルスの影響で緊急事態宣言が出た時には、幼稚園も登園がなくなったりして、キンダーカウンセラーのお仕事もストップとなった。

また、これはキンダーカウンセラーに限らないが、非正規雇用で働いている場合は、どうしても社会保険を含めた福利厚生の面が手薄になる。さらに、勤務日数が少ないと有給休暇が限られてくるし、昇給やボーナスという仕組みもなく、終身雇用ではないというのが一般的であろう。

●収入の変遷と労働環境

ここで、少し寄り道をして、私自身が学生の頃からずっと気になっていた、大学院修了直後からの収入について書いてみたい。なお、収入をめぐっては、いろいろな想いや考えもあったが、ここでは客観的な情報と収入に絞って書くことにする。

先に、私自身の経歴について書くと、ストレートで大学院に進学し、修士号取得後はそのまま博士後期課程に進んだため、資格取得のための1年は大学院生をしていた。そのため週2日は大学に行く必要があり、仕事ができるのは平日だと最大で3日、あとは土日をどう過ごすかというような状態であった。この年の年収は

200万円に届かなかった。内訳として、週3日は丸一日臨床の仕事を行い合計10万円ほど、加えて平日の隙間時間や土曜日を活用し、研究や事務の補助等をいくつか行っていた。大学院でのカンファレンスやケースもあったため、かなり忙しくしていた記憶がある。

その翌年は、資格取得に伴い職場で昇給していただき、また少し仕事の入れ替えもあって、臨床だけで月15万円ほど、前年度と同じように臨床以外でもお給料をいただき、月収は平均20万円ほどになった。そこから数年は、毎年50万円程度は年収が上がってきたが、これは職場のご厚意が大きい。さらに、私の場合は、純粋に臨床だけを行っていたのではなく、大学での非常勤講師や研究関連の仕事もいろいろとやってきた点は、やや特殊かもしれない。いずれにせよ、ひとつひとつの職場には大変良くしていただいたが、このような働き方だととても忙しく、その割には「稼ぐ」ことはできなかった。博士後期課程を3年で単位修得退学しても、爆発的に給与が増えることはなかった。加えて、前述のように福利厚生の面は手薄で、将来の保障もなかった。常に漠然とした不安を抱えていたので、お金の使い方ややりくりについて勉強したりもした。大学院まで行き、その後も勉強・訓練を続けているのに、疲弊して、お金の不安は拭えないので、ついついインターネットで同世代の平均年収ばかり見てしまう時期もあった。

臨床心理士として非常勤の臨床だけでやっていけるかもと思い始めたのは、資格取得後4年目を終えた頃であった。この年は、非常勤の仕事を掛け持ちして、平均年収以上にいただくことができた。ただし、この頃になると働く場所がかなり増えてきて源泉徴収票等は10枚程度になっていたし、ちょっと燃え尽きそうな感じもあった。その後も、非常勤での臨床も続けているが、完全に非常勤の仕事だけで生活していたのは、この年までである。

5　キンダーカウンセラーとライフ

このようにいろいろな仕事を掛け持ちすることで、年々収入は増えていき、生活するには困らない以上にいただけるようになった（出費が少ない人間ではあるが）。将来の不透明さはあるものの、「ワーク」としては成立していたと言ってもよさそうである。

では、このような働き方をしている私の「ライフ」はどうだったのか。一言で言うと、私のワーク・ライフ・バランスは崩壊寸前だったと思う。臨床やそれにまつわる勉強、研修、研究等々で忙しくしており、結果的に「ライフ」の時間をかなり削っていた。「今はそういう時期」と納得していたのなら良いのだが、そういうわけでもなさそうな雰囲気は、これまでの文面からも漏れ出ていただろう。何が問題かというと、単純に休みがなかったのである。とにかくゆっくり寝たい。好きなこと（臨床）をやっているとはいえ、さすがに体力的に疲れてくると、どうしてもこころがついてこなくなる。そうすると臨床のクオリティが落ちて、余計イライラしてしまう。自分で仕事や研究を減らせばよいと思われるかもしれないが、収入に対する不安や悔しさ、臨床家としての多方面への想いもあって、そうもいかなかった（この部分は性格に依る部分が大きいかもしれない）。忙しい時期は、平日は通勤の電車内や夜も論文を書きながら、休日は月に2回という時もあった。坐骨神経痛になり、クライエントとはお会いするが、それ以外の時間は満足に座ることも寝ることもできない、という時期もあった。

更に、これが私ひとりだけの話ならまだよいのだが、私は結婚して家庭を持ちたかった。妻とは当時から交際していたが、忙しさにかまけて、デートの約束を反故にしてしまったことは一度や二度ではない。ただ、これには言い訳があって、早く稼げるようになることこそ、結婚して子どもができて仮に妻が仕事を辞めたとしても、安定した家庭を維持するために必要だと考えていた。古い考え方だと自分自身でも思うが、「男が養うべき」という感覚がどこかにあり、ひとりで焦っていたように思う。今思うと、将来の家庭のことを思って、目の前の将来一緒に家庭を持つ人をないがしろにするなんて本末転倒な気もするし，別に経済的に困窮しているというほどでもなかったのだが，当時はとにかく未来に不安があった。収入と臨床とのはざまで，「ライフ」を犠牲にしていたと思う。

ちなみに，結婚については数年間葛藤していたものの，結局は妻のざっくりとした性格にも助けられ，非常勤の臨床を掛け持ちしてやっていけるかもと感じ始めた臨床心理士4年目の終わりに結婚した。結婚しようと決断するまでには時間が掛かったが，結婚してみると毎日のルーティンを大切にする妻の特性（？）のお陰で，私の「ライフ」も大きく整えられた。

6　臨床家として生きていくためにやってよかったこと

以上のように，私はワークとライフと臨床の三つをどうやりくりすればよいのか，かなり迷いながらやってきたと思う。要約すると「キンダーカウンセラーの仕事は好きだし，長く続けて専門性を高めていきたい。稼ぎも悪くはない。ただ，将来を考えると不透明で，そうなると家庭をどうしよう……」という感じである。

では，どうすればよいのか。ひとつには「やりたい臨床をやって稼ぐ」ことができればよさそうである。私がこれまでいただいた仕事のほとんどは，以前からつながりのある方々からの紹介や引き継ぎであった。ここから考えると，身近な人から仕事を紹介してもらえるようになれたら希望が持てそうである。

では，どのような人が仕事を紹介してもらいやすいのかというと，まず一定の臨床力は不可欠である。基本的に私たちは専門職なので，専門的な技術や知識を提供する対価としてお金をいただいている。人を紹介するということは紹介する側にも少なからず責任が生じるので，まずは専門家として一定の基準を満たす人でないと紹介しにくい。もちろん，臨床力と言っても，いくら頑張ってみても経験年数が少ないと，経験にも知識にも限界がある。そのため、臨床力と言っても、とんでもないことができる必要はない。ただ、例えば、キンダーカウンセラーになりたいと思ったら、プレイセラピーや療育などを通して小さい子どもに関わった経験があったり、発達検査ができたりすると、必要な能力を持っているのではないかと期待してもらえる。そのため、特にキャリアの最初期においては収入よりも、自分が将来やりたいことを見越した上で必要な経験を積み重ねることをおすすめしたい。

ただ、いくら自分自身が経験を積んでいっても、それが人に知られていないと紹介してもらいようがない。なので、私自身は仕事や勉強会等で関わる方には、自分がどんなことをしているのかを伝えるようにしてきた。更に、もっと大事なことは「何に興味があるのか」「何をやりたいのか」を伝えることであると思っている。長く大学に残っていたこともあってか、後輩で誰か良い人がいないかと個別に紹介をお願いされることもあるが、私自身もまずは紹介された仕事に興味のありそうな人を思い浮かべている。興味があって、熱意のある人であれば、多少経験が少なくても頑張ってやってくれると期待できる。

そして、何よりも、この人に紹介しても大丈夫と思えるような働きぶりを見てもらえると良いように思う。そのような信用に足る人間とは、単純な臨床力だけでなく、教えてもらったことを次の機会には生かそうとするとか、頼まれた仕事には全力で取り組むとか、遅刻・欠席をしないとか、メールをきちんと返すとか、そういうひとつひとつの何気ないやり取りが大切である。社会人としてのマナーと言うと少し面白みに欠けてしまうかもしれないが、私自身はある先輩心理士に教えていただいた「誠実」ということを大切に仕事をしている。

「ライフ」の面では、私個人としては教育分析の影響が大きいように感じている。教育分析を始めたのには、臨床と私生活の両方で具体的なきっかけがあった。教育分析の中で自分自身に向き合うことは、心理的にも時間的にも金銭的にも負担は小さくなかったが、最終的には臨床・私生活の行き詰まりを突破することができた。教育分析では、以前から興味のあった夢分析にも取り組んだが、実はプロポーズの最終的な決め手も、ある夢を見たことである。教育分析を続ける中で、臨床家を続けていくためには、自分自身が日々きちんと生きなければならないと感じる。

7　おわりに――ワーク・ライフとしての心理臨床

私自身のワークとライフについて、可能な限り赤裸々に書いてみた。以上のようにいろいろ迷いながらやってきたが、私はやはり好きな臨床をずっと続けていく方法を模索していたのだと思う。

ちなみに、これだけ書いてきたが、現在は常勤の大学教員として働いている。大学教員になったのは研究や教育の方面でもやりたいことがあったからであるが、臨床から離れてしまうことには強い抵抗があった。ただ、いろいろと考えているうちに、どっぷり臨床を続けることはすばらしいが、一番大事なことはじっくり続けていくことではないかと思い至った（合理化？）。教員になった現在も、多方面のご厚意でキンダーカウンセラーを続けることができているため、今後も生涯臨床家でいられるように頑張ってやっていきたい。

ワーク・ライフ・バランスと言うと、私にはどうしてもバランスが良いことが目指されているように聞こえるのだが、特に若手の間はバランスが悪い時があってもよいと思うし、私自身はそのようにやってきた。せっかく何かのご縁でこの世界に足を踏み入れたのだから、バランスが悪くなる時があっても、いろいろと工夫しながら自分がやりたいことを長く続けていただきたい。

文献

安家周一、郁橋雅広、菅野信夫、辻河優（2004）「大阪府幼稚園連盟におけるキンダーカウンセリング事業の利用効果」『第57回日本保育学会大会発表論文集』676－677頁福井県健康福祉部子ども家庭課（２０１２）「福井県版保育カウンセラーによる子どもの育ちの支援」『子育て支援と心理臨床』５号、１０４－１０７頁
原口喜充（２０１８）「保育カウンセリングにおける保育者支援の方法とプロセスに関する一考察」『心理臨床学研究』35、５０３－５１３頁
原口喜充、馬見塚珠生、矢本洋子（２０１８）「キンダーカウンセラーの可能性――〝専属性〟の観点から見る園への根付き方」『日本心理臨床学会第37回大会発表論文集』４１０頁
日野市立幼稚園長会（２０１５）「子どもたちの未来のために――保育者と保育カウンセラーの二人三脚」
伊東真理子・根塚明子（２０１８）「富山県「ハートフル保育カウンセラー派遣事業」の展開」『子育て支援と心理臨床』16号、88－89頁
菅野信夫（２０１１）「報告　京都府私立幼稚園連盟キンダーカウンセラー派遣事業」『子育て支援と心理臨床』４号、59－61頁
馬見塚珠生（２０１４）「京都府臨床心理士会子育て支援部局の活動について」『子育て支援と心理臨床』８号、１２２－１２３頁
馬見塚珠生、矢本洋子、原口喜充（２０１９）「家庭との連携のために保育者が保護者の視点に立ってみること――キンダーカウンセラーが実施したロールプレイ研修から」『日本保育学会第72回大会発表論文集』６５７－６５８頁
矢本洋子、原口喜充、嶋野珠生（２０２０）「「登園しぶり」を大切に扱う――キンダーカウンセリングにおける継続的な母親面接から」『日本保育学会第73回大会発表論文集』１０８６－１０８７頁
横浜市旭区子ども家庭支援課（２０１８）「旭区保育所を活用した養育支援強化事業」『子育て支援と心理臨床』15号、60－69頁

COLUMN 8

コラム8

教育分析——笑って見失うライフ

松本拓真（岐阜大学）

ワーク・ライフ・バランスという言葉は、仕事が生活（人生）と拮抗するかのような印象を与える。仕事は生活（人生）の一部でしかないことを思い出すにあたって、教育分析ほど適したものはないと私は考える。自分は何者で、なぜ多くの仕事の中から心理職を選択したのかという問いに皆さんはすぐに答えられるだろうか。臨床心理職の人は、本当にクライエントを助けようとしているのだろうか。助けを求めているのは、傷つき歯を食いしばってきた少年としての自分や、孤独で震える赤ちゃんとしての自分ではないだろうか。

教育分析は、さまざまな学派によって違いはあるが、特定の心理療法のセラピストになるための訓練として自分自身がその心理療法を受けることを指す。「分析」という言葉からわかるように、もともとは精神分析の領域で発展してきた。欧米では精神分析的セラピストになるためには当たり前のように教育分析を受ける文化があるが、日本ではその文化がまだまだ乏しい。そのため、私がクライン派の精神分析的セラピストになるために、週2回50分の心理療法を4年ほど、特にカウチ（寝椅子）に横たわって行ってきたことを他の心理職の人に伝えると、「そんなこと今でもあるのですね」と笑われることも多い。これは何を笑っているのだろうか。私も分析家から「今日からカウチ」と言われた時に少し笑った。自分の心の中を覗き込むことへの照れもあっただろうが、恐れ、戸惑い、逃げ出したい気持ちもあったように思う。深刻な感情を笑い飛ばす私たちは「教育」分析という言葉で、この心理療法はセラピストになるための仮のもので、本当の心理療法ではないとごまかそうとする。幸いなことに分析家はそのような防衛にごまかされない。厳しいから、冗談が通じないからではなく、真剣なのだ。私たちをセラピスト候補生ではなく、ひとりの患者・クライエントとして扱う（そのため私たちの周囲では教育分析より個人分析という言葉が好まれる）。私たちもクライエントが面接を求めることを笑うことはないので当然だろう。それなのに同僚が分析を受けると言うと、その場で笑うか、表面上は真剣に聞きながら、「確かにあなたは受けた方がいいね」と心の中で笑う。そして、クライエントと自分の間に境界線を引き直し、自分はクライエントではないと安堵する。心理療法が普及して欲しいと願いながら、心理療法を拒んでいるのは、実は心理職かもしれない。お金がないから分析を受けられないというのはやむを得ない事情だが、その私たちの生活はクライエントの支払う料金で支えられていることも考えてみてほしい。

ワーク・ライフ・バランスはひとりで生きる場合よりも、パートナーと生きる、子どもと生きる、老いた自分の親と生きるなど、自分以外の他者と生きる時こそ問題になりやすい。予想外に自分の時間やエネルギーが求められ、それに応えるか、自分を優先するかの分かれ道に置かれる。教育分析はこの葛藤に別の物語を見つける。私は分析を受ける前は、仕事を一生懸命して安定した職と収入を得ることが家族のためだと信じ、ワークに比重を傾けていた。分析において「本当にそれがあなたが望んでいることなのでしょうか」という問いをありとあらゆる方向から向けられるうちに、私に子どもの頃の記憶がよみがえった。遊園地で家族と一緒に行列に並んでいた私は、ジュースを買いに列を少し離れたため家族を見失う。泣きそうになりながら見つけた家族は私が迷子になったことに気づいていないのか、変わらずに並んでいたという記憶だ。私が仕事を頑張り、周囲に認められようとしていたのは、迷子にならないためだったようだ。さらに、自分の子どもを父親からの関心が届かない迷子にさせる寸前だったことにも気づいていった。心理職の常識である世代間伝達のプロセスに自分が飲み込まれていたことに私は分析なしには気づけなかっただろう。

　この迷子のテーマは、私が不安だったと親に泣きつく解消方法もあった。ただ、私は泣いたり感情的になったりする子どもっぽさを無くそうと必死だった。心理職として習熟すれば、感情的にならない、クライエントの前で泣かない、簡単に動揺しないという幻想を抱いている方も多いのではないか。私は分析を通して、よく怒り、よく泣き、悲しんでいることに気づくようになった。そして、葉っぱの瑞々しい緑に気づき、空の青さに気づき、黒雲の不気味さに気づくようになった。別に芸術的になったわけでもない。ただ、少しゆっくり自分の身の回りにあるものを観るようになっただけだ。教育分析がもたらすものは万人に共通のものでなく、個人的なものである。紹介できたのは、駆け足で空っぽのライフを積み上げようとしていた私が分析によって得た一部だが、それぞれの人がワーク・ライフ・バランスの中に潜む物語を教育分析を通して発見することであろう。私は今日も迷子の子どもと自分自身を探すワークをする。

第10章

開業心理士のワーク・ライフ――心理士の可能性とその志の裏側

中原元気（株式会社ユグドラシル）

心理士のワークについて取り扱う本は多いが、若手心理士のライフについて言及された本は多くないだろう。しかし、ライフがワークに与える影響は大きい。例えば、ライフにおいて、恋人ができるという変化が起きれば、勤務時間が終わることにはこころが浮足立ってくるかもしれない。また、親が亡くなったり、介護が必要になったりするような変化が起これば、仕事が増えることに抵抗を感じるかもしれない。それでも、心理士はプロとしてサービスを提供している。そこには、試行錯誤の末に見出した工夫があるのだろう。

本章では、スクールカウンセラーとしての勤務から開業に至った、妻と1歳になる娘を持つ30代前半の開業心理士のワークとライフについて紹介する。

1　開業に至る経緯

筆者は開業心理士の担当であるが、地方の非常勤スクールカウンセラーとしても勤務してきた。そのスクールカウンセラー時代の勤務条件への不安と、資金面の工夫に触れ、開業に至る経緯について述べる。

●非常勤スクールカウンセラーの勤務条件への不安

非常勤のスクールカウンセラーの報酬は時給で計算され、地方によってばらつきはあるものの約5000円であろう。この額面だけみると悪くないと思われるかもしれないが、保障という観点からみるとどうか。報酬が時給×勤務時間によって決まるということは、働かなかったら報酬は得られないことになる。働かないとはどういう状況かというと、怪我や病気、子育て、介護等で働けなくなった場合である。筆者はアキレス腱断裂という大怪我を負ったことがあるが、この時にはっきりと、スクールカウンセラーの勤務条件、特に保障面に不安を感じた。この時は左足の怪我だったが、右足だったら車の運転ができず、勤務できなかったかもしれない。そうなれば働くことができず、収入も得られなくなるところだった。また、70歳、80歳になった時に、20歳代と同じように働くことができるだろうか。〝高齢者になっても働く〟と思う気持ちは大切だと思うが、働きたくても働くことができなくなることも想定しておいた方がいいだろう。このように、スクールカウンセラーに限らず、非常勤という雇用形態で働く場合、社会保険等の保障という点が十分でないことが多い。

●非常勤スクールカウンセラー時代の経済面の工夫

ワークがライフを支えられるか心配になる非常勤の心理士は多いと思う。そこで、様々な試行錯誤をしてきた筆者が参考になると思うものと考え方を紹介する。ただし、最終的な判断は読者にお任せする。

〔1　確定申告〕　確定申告は勤務する事業所で年末調整をすれば、する必要はない。しかし、確定申告をすれば、経費を計上し、所得を抑え、所得税や住民税を少なくすることができるというメリットがある。これらの税は収入ではなく、所得に応じて決まる。収入は受け取ったお金のことで、所得は収入から経費を差し引いた金額のことである。

所得＝収入－経費

それでは経費とは何か。経費とは事業を行うために使用した費用のことである。例えば、スクールカウンセラーとしての臨床能力を高めるために本を買った場合、その費用が経費である。小さな努力である場合もあるが、年間でみれば大きな差になる。確定申告は税務署等での手続きが必要になるため、慣れるまでは大変であるが、それ以上のメリットはある。

〔2　資産運用〕　資産運用というと、リスクがあるため、抵抗がある方も多いと思う。しかし、お金は銀行口座に寝かしておくだけでは増えないと言っていい。預金することで得られる金利が低すぎるからである。日本銀行金融機構局が発表した令和3年3月24日時点での普通預金平均年利率は0・001％である。100万円預金して、もらえる金利は年間で10円である。ただ、資産運用にリスクがあるのは事実なので、リスクが低いものを選ぶ必要がある。リスクを抑える資産運用のポイントは長期・分散投資である。

資産のない若手心理士にある最大の強みは時間である。少ない運用資金であっても、利益は出る。この利益をその時点で享受するのではなく、再投資する。これを複利というが、何年も何年も長期的に繰り返していくことで大きな利益となる。相対性理論で知られるアインシュタインはこの複利を「人類最大の発明」としている。

分散投資は、投資対象を分散させることである。投資の格言に「卵は一つの籠に盛るな」という言葉がある。〝卵〟は運用資金で〝籠〟は投資対象のことを指している。〝籠〟が落ちた時に〝籠〟の中のすべての〝卵〟が割れるから、〝卵〟はいくつかの〝籠〟に盛りなさいという意味である。投資対象は、例えば、株式、債券、不動産などがある。

資産運用のポイントについて、長期、分散投資について触れたが、これらが重要であるのは、もうひとつ理由がある。それは本業に支障をきたさないという点である。短期で売買をするとなると、本業の勤務時間でも運用のことが気になってしまう。そして、分散投資ではなく、一極集中投資をしようとすると、運用資金をどこに集中させるか調べることに時間がかかってしまう。さらに、投資を一極集中すると、投資対象の価格が下落した時に、精神的にダメージを負う。したがって、本業に支障を出さないために投資したことを忘れるくらい、ゆったりと資産運用をした方がいいと筆者は思っている。

●開業に至る経緯

開業については以前から考えていたわけではなかった。では、どのような経緯で開業に至ったのか。

スクールカウンセラーとして勤務した時に、発達障害を抱える生徒を放課後等デイサービスに紹介する機会があった。学校での困りごとを抱える子どもは背景に発達障害を抱えていることも多い。早期に支援を受けることが望ましいが、課題が先送りにされていると、思春期に大きな課題となって表出されることもある。しかし、そこから支援するとなると、その子が思春期を迎えていることもあって、抵抗は大きい。支援の手が届かなかったとしても、その子の生活は続いていくので、本人や保護者、学校の教員等関係者は、解決の糸口が見つからず、疲弊していくことも多い。また、子どもの課題は、発達に課題があることが背景にあったとしても、子どもだけの課題ではない場合もある。すなわち、学校や家庭という社会的な影響を受けて起こっていることがある。例えば、学校の先生が嫌いだから授業を妨害したり、教室がうるさいからと教室を抜け出したりするケースである。そのような場合に、子どもに応じた配慮ができる地域の放課後等デイサービスを紹介する場合があるが、筆者が住む地域では、放課後等デイサービスはどこも満員で紹介ができなかった。そこで、自分で会社を興し、放課後等デイサービスを立ち上げた。

また、筆者はスクールカウンセラーの報酬について、ありがたいと思っていた。しかし、評価や結果によって報酬が変わらないことから、モチベーションが下がる危機感を持ち、更なる挑戦をしたいと思っていた。この思いも開業につながっている。

2 開業心理士のワーク

開業心理士のワークについて触れる。放課後等デイサービスの開業は、心理士が自身のオフィスを持ち、心理臨床活動を行うという一般的な開業のイメージとは異なるかもしれない。しかし、困ったことを抱えたクライエントに対して専門的知見を元に対応するという点、これを自身の責任において行うという点で類似している。今回、筆者のような若手の心理士が開業し、苦悩の一端を示すことで、開業を考える読者の刺激になればと考えている。

●放課後等デイサービスの開業と一般的な心理士の開業との違い

筆者は、株式会社を設立し、放課後等デイサービスという事業を開業した。放課後等デイサービスとは、児童福祉法に基づいており、放課後等デイサービス・ガイドラインによれば、「支援を必要とする障害のある子どもに対して、学校や家庭とは異なる時間、空間、人、体験等を通じて、個々の子どもの状況に応じた発達支援を行うことにより、子どもの最善の利益の保障と健全な育成を図るもの」となっている。都道府県に申請を出し、指定を受けることで開業を認められる。筆者は令和3年4月時点で2つの放課後等デイサービスを運営している。従業員は20人を超える。

一般的な開業と、放課後等デイサービスという形の開業との違う点を利用者の負担割合と心理士の立場の観点から整理してみたい。それによって、開業について検討しやすくなると思う。

利用料の負担割合について検討する。開業を生業としていくためには、利用料によって、心理士自身の生活費や家賃等の諸経費を払っていく必要がある。一般的な開業では、利用料は利用者が全額負担する。一方で、放課後等デイサービスの利用料は、一回の利用当たりおよそ6千円から8千円程度であるが、利用者の負担額は1割になる。さらに、利用者の負担額に上限という限度額のリミッターがあり、どれだけ利用してもその上限額が利用者負担額になる。利用者が負担しない残りの利用料は、国や地方自治体が負担する。このような手続きを経て、おおよその負担額の上限は４６００円となり、利用者の所得等の条件が一定の基準を満たせば０円になる。この場合、利用者は他の習い事の額と比べて、同等か安いと思うのではないだろうか。

次に、心理士の立場について検討する。一般的な開業では、心理士は、自身が直接サービスを提供する。一方、筆者は現在、サービスを直接提供していない。他の心理士や他の職員に指示を出して、間接的にサービスを提供している。

心理士が司令塔になって、関係者が対応することができればより多くの子どもに対応できるということである。職員が心理系の資格を持っていない場合でも、十分な研修やきちんとしたコミュニケーションをすることができれば、仕事を任せている。開業当時は資格を持つ専門職だけで職務にあたることを目指したが、開業して間もない会社に専門職が集まらず、方針を修正した。

●心理士の可能性

心理士が事業所内で司令塔になり、無資格者を含めた他職種に見立てと方針を示し、対応を任せることができれば、心理士は少なくとも児童福祉分野において、更なる飛躍ができると考えている。福祉事業所内において、見立てと方針が不足している場合があるためである。心理士の更なる活躍は児童福祉分野に限らずより広い職域で可能となると考えている。見立てを武器に、顧客に応じたサービスにつなげられれば、付加価値になりえるからである。

表 10-1　開業サイコロジストの心得

1	ある程度の精神医学的・心身医学的鑑別診断ができること
2	心理診断の能力を持っていること
3	面接技法のレパートリーはある程度広く持っていること
4	自己の面接のスタイルを確立しておくこと
5	自己を客観化・自己吟味すること
6	他の専門家との交流をはかること
7	臨床心理士のアイデンティティは何かを問い続けること

（前田　1992）

●開業の条件

開業にはどのような条件が必要となるか。筆者自身はこのような条件があることも知らず、見切り発車で開業したが、ここで確認することで開業についての理解が深まると思う。

まずは、臨床心理士や公認心理師などの資格は必須であろう。ただし、これは最低条件である。大学院を出て、資格を取得したばかりの心理士にニーズのある子どもが集まるほど、世の中は甘くない。保護者は信頼に足るかどうか真剣に私たち専門家をアセスメントしている。前田（1992）は「開業サイコロジストの心得」として次の七つの条件を挙げた（**表10－1**）。以下、自戒も含めて、開業の条件を確認してみる。

前田（1992）は、1「ある程度の精神医学的・心身医学的鑑別診断ができること」と、2「心理診断の能力を持っていること」を最初に示すことで、開業において、まず必要とされるのはクライエントを見立てる力であることを示していると思われる。放課後等デイサービスにおいては、自閉スペクトラム障害や注意欠如・多動症の児童生徒が来ることが前提になっているものの、子どもを見立てる力はやはり必要である。例えば、自閉スペクトラム症と診断がついていても、背景に愛着の課題がある場合があり、これらをどう見立てるかによって、対応方針を変える必要がある。

5「自己を客観化・自己吟味すること」は、心理士としてだけでなく、経営者としても必要であると感じる。経営者は孤独である。すべての判断を自分の責任において下さなければならない。その際に、自己を客観視することが必要となる。問題となるのは感情である。利用者や地域の方など、さまざまなところから厳しい言動にさらされ、感情は揺さぶられる。筆者の場合は特に、仲間だと思っている職員からネガティブな言動を受けると感情が揺さぶられる。そのような状況で自己の客観化をし、冷静な対応ができないとひどい結果が待っている。わかりやすい例で言うと、経営者が、一時の感情に任せて、職員を解雇したとする。そうすれば、残された職員は経営者を怖れ、仕事の生産性は落ち、離職者も増える。職員が所定の数を切れば、放課後等デイサービスのような福祉事業所は指定の取り消しになり、営業できなくなる。つまり自己の客観化により、一時の感情をコントロールできなければ、倒産の危機に陥ってもおかしくないのである。

前田（1992）の七つの開業の心得は臨床心理士がひとりで開業することを前提にしているが、大規模のオフィスを借りたり、職員を雇ったりすると、これらの専門的な臨床能力に加えて、経営をしていく力も必要となる。経営に関しては、筆者には語る資格も経験もないので、他の書籍をあたっていただきたいが、筆者がどうしても伝えておきたいこと、すなわち夢を語ることの必要性だけ述べたい。

夢を語ることは、クライエントに自分の事業所を選んでもらうためにも、職員に動いてもらうためにも必要であると考えている。筆者はなぜ開業したのか、どうしていきたいのかをホームページに提示している。クライエントはそれをきちんと見ている。また、職員であるが、「仕事だから」と思って職務にあたるのと、「クライエントのために仕事をしている」と思って職務にあたるのとでは、サービスの質が違ってくる。職員にそのように思ってもらうために、経営者はなぜ、この会社はそのクライエントを対象とし、何を重要視し、どういう方法で支援し、どうしていきたいのか、というような事業の意味や夢を語る必要がある。それによって、この思いに共感した職員が新たに集まり、より良いサービスが提供できるということもある。

●開業の難しさ

筆者の場合、開業することは経営者になるということであった。そうなると、心理士であることに加え、経営するという役割が付与されるため、これまでになかった別の負担が生じる。筆者にとって負担に感じるのは、資金繰りと職員との関係であった。

資金繰りとは、収入と支出のバランスをとる工夫のことである。資金繰りができなくなった時に会社は倒産する。具体的には、払うべきものを払えなくなって、金融機関が資金援助をしてくれなくなった時である。筆者にとって、大きな負担を感じたのは、収入を得るための請求のミスにより収入が見込んでいた額の1割になった時と、コロナが猛威を振るい始めた時である。いずれも大きな不安に苛まれた。お金のことが頭から離れなくなった。今から振り返れば、本業に関わる致命的なミスではなかったが、当時の筆者は倒産の危機という認識をしており、不安の中にいた。このような経験から、お金は借りることができるときに、借りられるだけ借りることにしている。

職員との関係が難しいのは、筆者と職員関係に雇用契約という縛りが起こるためであると考えている。筆者は雇用主で職員は従業員になり、利害関係者になってしまう。開業にあたり、スクールカウンセラー時代に知り合った優秀な専門家の方に力を貸してもらっていた。それまでの関係が良好であっても、雇用契約をした途端に、関係が変化し、筆者は困惑した。信頼関係があったと思っていたのは筆者だけだったのか、というように自身には感じられた。おそらく、職員の方も同じように感じていたのだと思う。筆者が心理士であることも影響するのかもしれない。職員は筆者が心理士であることを知って入社してくる。したがって、職員からすれば、自分のことをわかってくれることを期待したり、心理的なサポートがあるものと思ったりしているのかもしれない。その期待に筆者が応えられないと失望を生んでしまう。このように、経営をする筆者が心理士であることの弊害も起こりえる。また、職員のために奔走する筆者の努力が伝わらないこともある。開業から半年後、職員のためにボーナスを出すことを決め、そのために社会保険労務士と雇用契約をした。時間と労力と費用がかかったが、職員の反応は薄かった。会社にボーナスがあることと、経営者がそのボーナスを工面することは当然だからであろうか。

●覚悟は積み重ねていくもの

開業してからは苦難の連続であった。「もうやめてしまおうか」と思ったことは一度や二度ではない。しかし、ある日、何が起ころうとも絶対にやめないことを覚悟を決めることができた。子どもが生まれたのである。妊娠がわかった時には、「こんな時に生まれてくるのか」とも思った。時間にゆとりがあったスクールカウンセラー時代か、経営が軌道に乗ってからの方がありがたかった。しかし、子どもの顔をみると「この子を守りたい」と思った。家族を路頭に迷わすわけにはいかなくなった。まさにライフがワークに影響を与えた。

開業前にも、困っている子どもたちのために働くと覚悟を決めていたつもりであったが、振り返れば甘かったのかもしれない。しかし、そのように仕事を続けていく過程で、覚悟を重ねていくということもあるものだと思う。開業を決めて、職員を雇った時に、職員の生活を守るためにひとつ覚悟を決め、利用者である子どもが利用を始めた時に、またひとつ覚悟を決めていくといった具合である。最初からすべてを見通すことはできない。

●それぞれの心理士に与えられた役割

筆者の好きな言葉に「花紅柳緑」という言葉がある。花は紅色に咲く。柳は緑に茂る。その様が美しく、花が緑に茂ろうとしたり、柳が紅色に咲こうとしなくていい。そこから、その人の持っている素敵なところを輝かせることが、その人の光り方として美しいことをこの言葉は示しているのではないかと筆者は思っている。一口に心理士といっても、心理士にもいろいろな個性や強みがある。その自分の個性や強みを活かすことができる領域や職務に従事することが社会にとっても、本人にとっても望ましいのだろうと思う。苦手なことにチャレンジすることも大切だが、得意なことは加速度的に成長するし、負担も少ない。そのため、効率よく社会に貢献できる。では、自分の個性や強みをどのように見つけるのか。それはさまざまな仕事に取り組む他にない。職務をやっていて、ミスを連発して、周囲から怒られて、自分でも注意しているが、試行錯誤しても改善が見られないような場合、その職務はその人の個性や強みに合っていない。おそらく、切り替えて次の職務を探した方がいいだろう。一方で、他の人は業務を遂行するのが大変そうに見えるが、自分にとっては負担なくできることがある。それが得意なことである。例えば、筆者は論文を書くという才能はなかった。博士号を取るつもりで大学院に進学したが、論文を書かなければと思うだけで、気が重く、劣等感を感じていた。その近くで、得意な先輩や同期、後輩は軽々と論文を書いて、学術雑誌に採択されており、「とても敵わない」と思った。今は論文を書く能力が低いことを認めたうえで、他のところで価値を見出そうと思っている。筆者には放課後等デイサービスを立ち上げるというような0から1を興す実行力があった。この得意な職務を次々にやっていくようにすれば、結果もついてくる。こうなれば職務が楽しくなる。そのように他の人が苦労するのにもかかわらず自分には比較的楽にできて、かつ楽しいと思える職務がその人に与えられた役割なのだと思う。

3　こころのゆとりを生むための工夫

ライフを豊かにするためにはワークを充実させたり、こころのゆとりを持つ必要があるだろう。こころのゆとりを持つために仲間の存在と時間的なゆとりが必要だと考えている。ここでは、仲間に会うことと、時間を生み出すために助けを借りることを勧めたい。

●話を共有できる仲間に会う

仲間は、経営のことがわかる仲間とそうでない仲間の両方がいるといいと思っている。経営は特殊な仕事で多くの経験とスキルが求められる。しかし、多くの人にとって、経営について学ぶ機会は少ない。そのため、経営をしたことがある仲間と具体的な事例について意見を交換することは非常に有効である。

一方で、話を共有する仲間に経営の経験がなくてもいい。筆者は臨床心理士の勉強会に所属している。筆者はここで経営のプロセスを発表する機会を認めていただいている。ここにおいて、筆者は仲間から心理的に支えられている。児童福祉事業の開設に携わった経験を持つメンバーが「私たちはチームでそれぞれの役割を全うしてきたが、あなたはひとりですべてやった」と、筆者が開業までの手続きをひとりでやったことを認めてくれたことがあった。それまで、筆者はひとりでやることを当たり前だと思っていたので、何人もの力で当たるような仕事だったのかと思い、自分の仕事を認められた気がして、非常に嬉しかったし、励みにもなった。

加えて筆者は、スーパーヴァイザーの先生からも、経営を含めて開業からの体験を話す機会をいただいている。ここでは、筆者の葛藤をすべて出させてもらっているだけでなく、経営者としての立ち回りについても貴重な示唆をいただいている。経験豊富なスーパーヴァイザーの先生からの具体的なアドバイスに加えて、筆者は自身の葛藤に向き合う機会をいただいていることにもありがたさを感じている。普段筆者は、問題が起こった時にすぐに建設的な対処を考えてしまい、情緒的な葛藤を取り扱う機会を設けられないでいる。また職員の前で弱音や泣き言を言わないようにしているし、何が起きても何事もなかったかのように振る舞う努力をしている。家族には多少のことは話すこともあるが、妻は子育てに奔走しているし、心配をかけたくないという気持ちもある。そのため、利害関係も過剰な気遣いも必要ないスーパーヴァイザーの先生に、思いを吐き出すことによって、非常に救われている。

●助けを借りる

開業当時は資金繰りが大変で、コスト削減のために自分で仕事を捌くことが多いと思う。業務の質や量の会社の状況にもよるが、会社の規模が大きくなれば、社内外の助けを借りることを勧めたい。また、仕事だけでなく、家事においても助けを借りる手段があるので、これについても触れてみたい。

筆者は開業当初、資金繰りが心配であったため、できる限り自ら仕事をした。しかし、業務の量が多く、ミスが生じはじめた。そこで、可能な限り外部の専門家や職員に業務を依頼するように方針を変えた。社員の労務のことは社会保険労務士に、税務のことは税理士に依頼した。これらの専門家はその道のプロで、知識と経験を持っているため、質の高い業務をすばやく行ってくれる。筆者が一から調べ、作業をするよりも格段に速く、正確である。さらにこうした専門家がバックについていると筆者だけでなく職員も安心できる。きちんとした就業規則や決算書があれば、会社の内外からの信用につながるのである。

これらの専門家はその道のプロであるが、経営のプロではない。そこで、経営上の課題を解決するため、あるいは会社の将来を展望するために、コンサルタントの力を借りることも有効である。筆者には数名の社外相談役がおり、困った時には相談している。最終的な判断は自ら行うが、多くの経営に関する経験を持つ相談役の意見は非常に参考になる。経営の一年生が悩むことに対して、明確に意見をもらえると判断までの時間も削減でき、安心して判断ができる。相談役がいない場合は、インターネットを使って探してみることをお勧めする。相談相手によるが1時間1万円程度からコンサルテーションを受けることができる。

子育てにも多くの時間と労力とお金が必要となる。親が子に気持ちよく関わることができるように、代替可能な作業を機械やサービスの助けを借りることを勧める。機械とは例えば、乾燥機能が付いた洗濯機や食洗器である。サービスで言えば、自治体が運営するファミリー・サポートや個人や企業が運営するベビーシッターのことである。これらの機械やサービスは費用がかかるが、ライフやワークの充実のために不可欠な時間を生み出してくれる。時には子どもと離れ、気分転換をすることによって、より安定した心理状態で子どもに向き合うことができる。

引用文献

前田重治（1992）『精神分析の視点』誠信書房、179、189頁

第11章 スクールカウンセラーのワーク・ライフ
――お金・結婚・キャリアと学校臨床の相互作用

雲財　啓（京都橘大学）

1　スクールカウンセラーの一般的なワークについて

●スクールカウンセラーの労働環境

スクールカウンセラー（以下ＳＣ）のワーク・ライフ・バランスについて、筆者の経験を振り返りながらお伝えしていきたい。特に筆者の場合は、ライフにもワークにも、お金のことは直結している。そこで、まずはＳＣの労働環境が一般的にどのようなものであるか、同年代と比較しながら確認していきたい。

ＳＣの時給等について、公表されている資料、およびそこから計算した金額が次の**表11－1**である。

勤務する地域によって労働環境のばらつきがあるため、参考程度の数字ではあると思われる。ただ、ＳＣの給与としては２５００円から５８００円の間で、５０００円前後が多いという調査もある（野田、２０１８）。したがって、**表11－1**に記載している、1年間の契約、1回６～７時間、年間３５０時間、年間給与約１７５万円というのは、ある程度の実情が反映されていると思われる。さらに付け加えると、感覚的には週1回1校に勤務しており、表のＡとＢとは、この点も合致している。

表 11-1　スクールカウンセラーの労働環境

地方公共団体	雇用形態・期間等	時給	勤務時間・回数等	年間給与
A	会計年度任用職員	5,000 円	・1 回 6 時間 ・年間 35 回（210 時間）	1,050,000 円
B	会計年度任用職員	5,000 円	・1 回 7.5 時間以内 ・年間 235 時間	1,175,000 円
C	1 年間	5,000 円	・1 回 6 時間 ・年間 606 時間	3,030,000 円
平均	――	5,000 円	・1 回 6.5 時間 ・年間 350 時間	1,751,667 円

＊　端数に関しては小数点以下四捨五入　（筆者作成）
＊＊　C に関しては雇用形態の記載がないため期間を記載

●同年代との労働環境の比較

続いて同年代、ここでは20歳代後半、30歳代を想定して、年間給与、勤務時間・回数等について比較してみる。まずは年間給与について、国税庁（２０２０）によれば、１年を通じて勤務した給与所得者の各年代の平均給与は、25歳～29歳で約３６９万円、30歳～34歳で約４１０万円、35歳～39歳で約４４５万円である。したがって、年齢相応の給与をＳＣだけで得ようとした場合には、２、３校に勤務すれば、相応の年間給与は得られることになる。

次に勤務時間・回数等について考えていく。厚生労働省政策統括官（統計・情報政策、政策評価担当、２０１９）によれば、常用労働者５人以上の事業所の年間総実労働時間は２０１８年で１７０６時間である。この時間に対して、ＳＣが２、３校に勤務した場合の年間の勤務時間は、**表11－1**にしたがって計算すれば７００～１０５０時間であり、ＳＣの方が４割～６割程度、時間が少ないことになる。

同年代と比較しながら、ＳＣの年間給与と勤務時間・回数等を確認してきた。これら2点だけに注目すれば、ＳＣとして2、3校に勤務すると、同年代と同程度の収入を得つつ、年間労働時間を4割～6割にすることができるように見える。しかし、仮にこの条件が実現するとしても、筆者が考えるだけで大きくふたつの点で問題を抱えていると感じる。

1点目は雇用の安定性である。ＳＣの雇用は、**表11－1**で見たように

1年単位での雇用で、1年の終わりに次年度更新するかどうかを決めることが一般的に多く、この状態で10年、20年と長く将来を見通すには心もとない。また、欠勤、長期休業などで勤務がなくなればその分の収入が減少することにもなるし、契約更新時に時間給が変更されない限り、収入が増えていくこともない。月々の収入が安定せず、将来の見通しも立てにくいことは、この職業だけで良いのか不安を感じる。

2点目は福利厚生である。1年間単位での雇用、週の労働時間などから致し方ないとはいえ、雇用保険、厚生年金保険などの社会保険には基本的に加入できない。また、常勤であれば利用できる福利厚生も、非常勤のSCでは利用できないことが多い。このように、SCの雇用形態上、社会保障が薄くなることは仕方ないとはいえ、自分自身で何かしら対策を考えなければならないことは負担になっていると思われる。

ここまでSCの一般的なワークについて、公表されている資料をもとに見てきた。複数校に勤務すれば、金額的にはSCだけでもやっていけるような印象がある反面、雇用の安定性や福利厚生などの側面を見れば、これから先SCだけでやっていけるとは思い難い、というのがSCの一般的なワークの現状ではないだろうか。

2　バランスを考える前提のワークとライフ

●スクールカウンセラーになる前の筆者の状況

それでは、筆者の体験を振り返らせていただこうと思うが、その前提になるSCの職へ就く前のワークとライフの状況についてお伝えしておきたい。

まずワークについては、臨床心理士指定大学院修士課程を修了後、心理とは関係のない一般企業に就職していた。元々研究したい気持ちを持ちながら修士課程に居たこともあり、博士課程への進学を迷っていた時期もあったが、将来的に心理に関わる仕事に就くとしても、一度は社会人経験を積みたいと考えていたからであった。そして、先述した研究したい気持ちが再燃したことで一般企業を退職し、博士課程へ進学した。この進学のタイミングとSCとして着任するタイミングが同時になり、以降SCとして経験を積み重ねていくことになった。今考えると、このタイミングでSCとして着任できたことは相当幸運だったように思う。

次にライフについては、先述の通り、研究したい気持ちが再燃したため、博士課程への進学を決めた。そして、こちらも先述の通り、進学を決めた際に退職したのだが、そのことで被雇用者として受けていた恩恵はなくなり生活は一変した。具体的には、健康保険料や税金などの各種支払いや管理、収入減少に伴う財布の紐の締め直しなどである。ただ、楽ではなかったものの、後述するように結婚してすぐの楽しさもあったし、元々心理に関わる仕事をする時には非常勤を覚悟していたので、そこまで苦にはならなかった。

また、博士課程を修了することで、将来的には仕事として研究にも関わりたいとは考えていたものの、当時を振り返ってみれば、ワークというよりライフ、特に人生設計の転機であったと思う。このように、経験を振り返っていく中で、筆者の場合はライフという言葉の中に将来や未来への見通しというニュアンスがかなり入っていると思われるため、以降はこのような意味も含まれていると思いながら読み進めてほしい。

その他ライフに関わる状況として、以前から交際していた女性と一般企業在職中に結婚することになった。退職のタイミングとほぼ同時期であり、迷ったものの、友人の言葉が契機となった。蛇足かと思いつつ付け加えておくと、おそらく友人本人は覚えていないだろうが、「(妻の知人だったこともあり)お前ら結婚せんの?」と軽く放った言葉が筆者の心の奥深くまで突き刺さり、背中を強く押してくれたことで、退職と結婚を同時期に決めることができたと感じる。

まとめると、元々一般企業に就職していた20代後半の既婚男性が、研究したい気持ちの再燃により退職し、博士課程への進学と共にSCになった、という状況であった。SCという仕事を始めた当時はワークとライフどちらもの転機になっており、ワークとしてはSCを、ライフとしては研究を充実させていくはずだった。しかし、ここで大きな問題となったのが、お金である。

●切実なお金の問題

先述したように、複数校で勤務できれば、額面的には年齢相応の収入は得られるが、ライフを充実させたいという考えのもと、1校しか勤務せず、妻と相談して、うまくやりくりしていこうと考えていた。ところが、いざ勤務し始めると、いろいろな事情が重なって、先述したSCの勤務環境の平均を割と下回ることがわかってきた。

そこで、SCだけにこだわらず、他の仕事もすることで収入を得ていくことを決めた。研究をしたくて博士課程に進学したこともあり、迷う選択ではあったが、背に腹は代えられず、仕事を増やすことにした。紹介してもらえる非常勤講師があればそれを引き受けたし、他府県、市町村のSCやキンダー・カウンセラーにも改めて応募して、複数の学校・園で勤務することになっていった。

思ってもいなかった形でワークが充実していくことになったが、現状SCのワークを考える際には、SCなどの教育領域だけではなく、医療、福祉といった教育領域以外も含めた、複数箇所での勤務という側面があるようにも感じている。というのも、他のSCと集まって仕事の話になると、複数校でSCとして勤務している方もいれば、筆者と同様、SC以外に非常勤講師、病院や役所で心理職として働いている方も多くいるからだ。ライフを充実させたいと思い、収入が少なくてもかまわないと考えている筆者でさえも、現状のSCの労働環境の中だと、純粋にSCだけで食べていけるような時代ではまだないと実感する。

このような状況を振り返っていくと、厳密にSCだけに注目したワーク・ライフ・バランスではない側面もあると思われるが、以降は主にSCのワークに注目し、筆者のライフとのバランスを振り返っていく。

3　スクールカウンセラーのワーク

●ふたつの事例紹介

SCとして働いていく中で、さまざまな児童生徒や保護者に出会い、教職員と協働してきたし、ワークが充実していく過程で複数校にSCとして勤務することにもなっていった。その過程で、さまざまなことを得たように思う。そこで、得たものに関わることを振り返る上で、特に印象に残っている事例をふたつ紹介する。なお、下記に記載する事例は、核となる複数の事例について、要点になると思われる部分を残し、支障をきたさない範囲でプライバシー保護のために改変を加えた架空事例であることを申し添えておく。

●事例1　速やかに動いて子どもを守る

ひとつ目は、中学校での事例である。男子生徒Aくんがカウンセラーに相談したいと養護教諭のB先生に話したことから、B養護教諭経由でカウンセリングをすることになった。昼休みのカウンセリングの中でAくんは、家で親から虐待を受けていて、家を追い出されたり暴言を吐かれたりしていることを話してくれた。筆者からは、話してくれたことを支持した上で、Aくんの身の安全や安心が守られるようにしていきたいことを伝え、渋々ではあったが、学校で普段関わっているB養護教諭、担任のC先生に今回話してくれた情報を共有すること、学校から家庭へ連絡することを認めてくれた。

Aくんとのカウンセリング後、その内容をB養護教諭に共有し、C担任に加えて主幹教諭のD先生に話していくことをとりあえずの方針として決めた。職員室に戻り、C担任、D主幹それぞれに予定を確認したところ、放課後に全員の予定を合わせることができたので、早速会議をすることになった。その会議の中で、Aくんをどのように学校生活でケアしていくか、家庭との連絡、必要に応じてこども家庭センター（児童相談所）との連絡をどの先生が担当するかを決めていった。

その後、C担任が家庭と連絡を取り、事情を伺うために、保護者と面談することになった。この件について、普段からC担任、D主幹と話していたこともあってか、できたら面談にも入ってほしいと要望があった。具体的な日時を決めていく際に筆者の都合を汲み取ってくれたこともあり、勤務時間については管理職の先生と相談しながら、学校での面談に同席させてもらうことになった。その後も関わりは続いていったが、C担任、D主幹と密にコミュニケーションを取る中で、Aくんに関わる対応でしばしば相談を受け、一緒に対応していった。

●事例2　先生たちとの協働で子どもを支える

ふたつ目は、小学校での事例である。高学年の女子児童Eさんのことで、担任のF先生から筆者に相談があった。それまでは特に取り立ててしんどい様子もなく学校に来ることができていたが、新型コロナウイルス感染症で休校になった後から、教室に入ることを嫌がるようになったとのことだった。

F担任と話していく中で、Eさんと繋がることができそうな人が学校でいないか考えていたところ、養護教諭のG先生、スクール・ソーシャルワーカーのH先生、以前Eさんの担任だった先生が候補に挙がった。早速F担任が動いて下さり、Eさんへの今後の関わりについて相談する会議が開かれた。その会議で、低学年時や、新型コロナウイルス感染症での休校以前の様子が共有され、筆者、Hワーカーといった専門職を含めて、関われる先生が順次関わっていくことが大きな方針として決まった。

その後、Eさんは保健室にいることが多いものの、G養護教諭と話す中で教室に入りたい気持ちや家での過ごし方を話し、時々ではあるが、教室へ入れるようになってきた。ただ、教室に居続けることは難しく、Eさんとしても困っている様子だった。この頃になると、Eさんとよく話すことが増えたG養護教諭から、どのようにEさんと関わることが良いかについて、筆者は相談を受けることが増えた。Eさんが話し続けられる状況やいろいろなことを話せているG養護教諭の関わり方を支持し、これからもEさんにとって話せる相手で居てほしいことを伝えた。

このようにEさんにとって学校での居場所ができたことが良かった一方で、Eさんの抱えている困り感はまだ漠然としていることもあり、HワーカーとEさんの困り感について話し合いを重ねた。その中で、Hワーカーから家族関係で気になるところもあり、今後はHワーカーが母親や父親と話す機会を作り、そこで家庭環境についてアセスメントをして対応を進めていくことになった。

●SCのワークから得たもの

ふたつの事例はいずれも経過の一部分であるが、筆者がSCのワークを通して得たものの一端を表していると考えられ、以下で2点に焦点を当てて振り返っていきたい。

ひとつ目は、行動することである。事例1当時の対応を振り返れば、内容的に早めに周囲と情報共有ができた方が良いと感じたため、Aくんに確認した上で早めに行動しようとしたと記憶している。意識して早めに行動したことで、学校に事態を知らせることができ、Aくんの身の安全や安心を守ることにつながったと思う。Aくん自身がカウンセリングという場をどのように認識していたかは分からないが、SCは学校に配置されているこころの専門家であることは広く認識されつつあるだろう。しかし、基本的には、学校に配置されるSCはひとりである。したがって、同職種でどのように見立てるかの相談はその場ではできないことが多く、スーパーヴィジョン、研修での議論等がなければ、俯瞰することは難しい。また、同じ職種が職場に居ないため、自分の言動が良いのかどうかをチェックすることも簡単ではない。だからと言って、自分の言動を逐一振り返るばかりで行動することができなければ、児童生徒や教職員のためにSCが活動していることは、周囲に示しにくいのではないだろうか。

ふたつ目は、協働することである。事例2において、困り感を持っているEさんと筆者は直接関わっていないが、担任のF先生、養護教諭のG先生の関わりを支えることで、Eさんが学校に居場所を感じることにつながっていると感じる。また、Eさんの抱える困り感をより軽減させるために、スクール・ソーシャルワーカーのH先生と相談できたことは、Eさんの今後の支援に有効に関わっていくと思われる。週5回常勤として勤めることができれば、直接的に支援することはより増やせるだろうが、それだけがSCのワークではないと感じる。多くの場合、学校に週1回しか居ないことが多い現状で、SCがこころの専門家として児童生徒や教職員に寄与するためには、周囲との協働が不可欠だろう。

筆者はSCのワークを通じてさまざまなことを身に付けたと思うが、特に行動すること、協働することのふたつを述べた。学校に唯一配置されるこころの専門家でありながら、多くの場合、週1回の勤務でその業務を切り盛りしなければならないことは、正直大変だと感じることも多い。しかし、この立場でどのように仕事を進めていくか考えさせられた結果、身に付いたことも多かったと感じている。

4　ワークからライフへの還元

●生活基盤の安定

今のところ、幸いにも契約更新を重ねて、SCを続けられている。先にも触れたが、将来的に不安がある点を除き、現時点での金額面に目を向ければ、年齢相応の給与を得ることができるのがSCの労働環境であり、筆者もそうなっている。そこで、SCのワークがライフに還元されていると感じる点をいくつか述べたい。

まず、生活基盤をある程度保った上で、ライフをより良いものに出来ている点が挙げられる。将来的に心もとないのは変わらないのだが、さほど長くない期間で考えれば、当面の雇用は安定していないわけではないと感じる。加えて、同年代に比べて労働時間に対する給与は高いことから、同年代が労働時間に使っている時間をライフの充実に使うことができている。筆者にとってライフの充実とは研究時間の確保であり、時間を積み重ねていくことで博士課程修了へとつながり、ゆくゆくはライフからワークに成っていくと感じている。このように、SCのワークはある程度の期間の雇用の安定、労働時間に対する給与の高さをもたらし、生活基盤を安定させ、ライフを充実させていると思われる。

●研究への関心の広がり

前項では、ライフの充実として研究時間の確保を述べたが、物理的な時間の確保だけがSCのワークから還元されているわけではないと感じている。というのは、SCのワークからライフに還元されているもう1点として、研究への関心の広がりが挙げられるからである。

筆者が最初に持っていた研究への関心は、20歳代後半から30歳代のストレス対処能力の発達であったが、SCのワークを通して、このような研究関心以外にも広がっていったように思う。具体的には、不登校やいじめ、虐待などの学校が関わっている問題への関心、さらに、その問題に関わる教職員や多職種連携への関心である。元々自分が持っていた研究関心だけではこれらのテーマに触れることはなかったと思われるが、SCとして学校現場に関わる中で、学校が抱えるテーマに関する知見などに触れることが自然と増えていった。まさにSCのワークが研究関心を広げていき、ライフを充実させていったと思われる。

5　ライフからワークへの還元

●ワークの省察

ワークからライフへの還元として、生活基盤が安定すること、研究関心が広がることをここまで見てきたが、このようにライフが充実することでワークもより充実したと感じる2点を述べようと思う。

1点目は、研修への参加やスーパーヴィジョンを通して、自身のSC活動を振り返ったことである。生活の基盤が安定したことで、研修へ参加する、あるいは、スーパーヴィジョンを受けるための時間や費用が十分にまかなえるようになったと思われる。研修に参加したい、スーパーヴィジョンを受けたいと思いつつ、なかなかそれらが実現できないことを同職種の方々から伺っていると、筆者の今の環境は比較的恵まれているのだと感じる。研修に参加するだけで、翌日から現場に活かせるようなことを学べることはワークの充実に関わっていると思うが、それ以上に、スーパーヴィジョンで日々の業務の振り返りができていることは、ワークの充実にとても関わっていると思う。現場にいることでは気づけなかった俯瞰的な視点をスーパーヴィジョンによって持つことができるし、自分よりも経験豊富な方に、自分の仕事について考えてもらえる時間というのは一人職場であることの多いSCにとって、非常に貴重な時間であるだろう。これらのことは、生活基盤が安定したことで実現したことであり、ライフが充実していくことでワークも充実していくという相乗効果になっているものだと感じる。

●研究知見から着想を得た現場での働き方

2点目は、先行研究で得られた知見を現場で業務に活かしたことである。博士課程修了を目指す点からは少し問題が生じないこともないように感じるが、研究への関心が広がったことで、自分が元々持っていた研究への関心の対象や、その対象が関わる周辺領域の論文、書籍に触れることが増えた。その結果、新たに現場で活かしてみようと考えることも増えたように思う。

例えば、文部科学省（2015）でも言われている通り、チームとして学校が機能していくことが、学校の抱える問題に取り組む際には重要になっている。研究関心として新たに増えた多職種連携は、まさに研究知見を現場に活かすことに関わると思われる。具体的には、これまでSCとして働いてきた中で、教員、スクール・ソーシャルワーカーなどの専門職とどのように連携してきたかということである。連携を振り返った時、教員と専門職、あるいは専門職同士でコミュニケーションをしっかり取り、協働できてきたかと振り返ると、うまくいっている時とうまくいっていない時があると感じた。なぜこのような差があるのかを考え、いろいろな知見に触れる中で出てきたのが、心理的安全性という概念である。

この概念は、元々は産業組織心理学で用いられてきたものであり、エドモンドソン（Edmondson, 1999）が「チーム内のメンバーが、対人関係上リスクのある行動をとっても、このチームなら大丈夫であると共通して認識すること」と定義するものである。このことを意識しながら関わることで、実際にうまく連携できるかどうかは実践中ではあるが、現場で活かしていくためにも研究していくためにも、積極的に活用したいと思う概念に触れられたと感じている。このように、研究の中で得られた知見を現場に活かすことも、ライフとワークが共に充実していくことの一例になるのではないだろうか。

6　ライフとワークの相互作用

●お互いに影響を及ぼし合うワークとライフ

ここまでワークとライフを行き来しながら、お互いに及ぼし合っている影響について見てきた。あくまで筆者の個人的な経験であり、ワークはSC、ライフはお金と人生設計の側面から主に振り返ってきたが、どちらか片方だけで成り立つようなことはなく、どちらもがどちらにも影響し合っていると感じており、そのことが伝わっていれば幸いである。

●いろいろなライフ、いろいろなワーク

ところで、筆者がライフを振り返っていく際、その言葉に将来や未来への見通しというニュアンスが入っていることは、触れた通りだが、ライフがこれだけかと言えば、当然ながらそんなことはないだろう。例えば、筆者にとって楽しみである読書や音楽や映画などの鑑賞・楽器演奏などの趣味も大切なライフであると感じる。

また別の側面、例えば日々の生活という側面から考える時には、妻との関係性や関わりとしてライフを考えることもできるだろう。今回はその視点から振り返っていないが、結婚に始まり、扶養家族になること、博士課程への進学、SCになること、SC以外の仕事を増やすこと等、何かしらのライフイベントがある度に、どのようにしていくか相談してきた。一緒になってよく考えてくれることが、筆者にとってかけがえのない支えになっているとも思う。

このように、ライフとは非常に多様な側面を持ち合わせていると感じる。そもそもライフという言葉には「命」「人生」「生活」などの多様な意味が含まれている。煩雑になることを防ぐために、筆者の振り返りにおいては、妻と暮らすことやお金という生活の側面、将来や未来への見通しという人生設計の側面に限定して用いてきた。しかし、ライフという言葉について、この世に生を受けることや、そこから積み重ねていく人生というような意味合いも加わり、一言では言い表わせないような混沌とした印象も筆者は持っている。ここまで筆者の経験を振り返ってきて、筆者自身はライフという言葉が更に混沌としており、そのバランスを考えるのは改めて難しいように感じている。また、このようにライフは混沌としているが、それはワークも同様だと感じるところがある。例えば、SCというワーク以外にもいくつかの仕事に就いているが、他所の勤務で得た知見がSCとして勤務している時に活かせたこともあった。

考えれば考えるほど、ライフとワークの線引きは難しい。先にも述べたもの以外の例としては、SCとして勤務している学校の教員と意気投合し（新型コロナウイルス感染症の拡大以降、簡単ではないご時世になってしまった

が）勤務校の状況、将来のこと、趣味、学校で行われている教育、家族のことなど、種々雑多に夜遅くまで議論したこともある。他にも、学校という場に魅力を感じ、生涯ＳＣとして関わりたいと思うようになると、もはやワークではなく、ライフとしてＳＣを考えているようにも思う。このようになってはどこまでがワークなのかライフなのかわからなくなってくる。経験を振り返って改めて感じるのは、ここまでがワーク、ここまでがライフと、厳密に線引きすることの難しさだと思う。

●人生の要素を充実させていく

自分の経験を振り返っていく中で、ワーク・ライフ・バランスと、うまく分けてバランスを取れるようなものではなく、もっと混然一体となったものを抱えていくことこそが生きていくことなのだとも思う。視点の持ち方によって見え方はいろいろあるとも感じるが、ワークでもライフでも、生きてきた中で得たさまざまな要素に良質な相互作用を持たせ、どの要素も充実させていくことが良いのではないかという筆者の考えが、本書をご覧になる方の参考になれば幸いである。

引用文献

Edmondson, A. (1999). Psychological safety and learning behavior in work teams. *Administrative Science Quarterly*, 44, 350-383.

国税庁（２０２０）「民間給与実態統計調査」

厚生労働省政策統括官（統計・情報政策、政策評価担当）（２０１９）「厚生労働統計のあらまし」

文部科学省（２０１５）「チームとしての学校の在り方と今後の改善方策について（答申）」

野田正人（２０１８）「文部科学省平成29年度いじめ対策・不登校支援等推進事業報告書　スクールカウンセラー及びスクールソーシャルワーカーの常勤化に向けた調査研究」

第12章 病院で働きながら個人開業もする公認心理師のワーク・ライフ——弁証法的な仕事と私生活のあり方

若井貴史（長岡病院／哲学心理研究所）

はじめに

２０２０年1月、当時は「新型肺炎」と呼ばれていたと記憶しているが、新型コロナウイルス感染症に関わるニュースがテレビや新聞で流れるようになった。とはいっても、その後連日報道されるような大きなニュースとしてではなく、ごく小さなニュースとしてポツポツ報道されるくらいであった。ちょうど同じ時期に、私は個人事業主として開業し、「哲学心理研究所」を立ち上げた。病院で常勤心理職として働きながら、所属病院の許可を得ての開業であった。したがって現在の私は、病院でのサラリーマンとしての仕事と、哲学心理研究所での個人事業主としての仕事のふたつを行っていることになる。

病院では、主として12名いる心理職（２０２1年３月時点）の管理の仕事と、認知行動療法（Cognitive-Behavioral Therapy：ＣＢＴ）を用いたカウンセリングや心理療法を行っている。また、病院からの出張で高等学校と企業に赴き、そこでもカウンセリングを行っている。哲学心理研究所では、専門職対象のＣＢＴ研修と、企業・団体対象のメンタルヘルス研修をメインで行い、ごく少数のスーパーヴィジョンも実施している。

病院の常勤職員である私が、なぜ個人開業したのか。いくつか理由があるのだが、いちばん大きいのは、研修で話す内容を自分で自由に決めたかったからである。もっといえば、研修で話す内容に哲学的な知見を盛り込みたかったからである。実は私は、公認心理師や臨床心理士である前に、哲学者であると自認している。学部で哲学を学んで以来、卒業後も研究会を創ってずっと哲学を研究している。そして、心理臨床と哲学をつなぐことが、私のライフワークである。しかし、病院の業務として行っている研修では、あまり哲学の知見を全面的に出すわけにはいかない。病院も受講者も、そんなことを求めていないからである。そこで個人事業主として開業し、「哲学」を冠した研究所を創ることによって、堂々と哲学と心理臨床のつながりについて話せるような研修がしたい、これが個人開業した一番の理由なのである。

本章では、以上のような経緯をもつ私が、仕事（ワーク）と私生活（ライフ）をどのように両立してきたのか、一方が他方によい影響を及ぼすようにどのような工夫をしてきたのか、こういったことを哲学の知見も踏まえて紹介したい。

1　矛盾の調和的解決

●二宮金次郎をまねる

「矛盾」という言葉がある。通常は、中国の故事成語にある盾と矛の話のとおり、「二つのことが、同時にはなりたたないこと」（『例解新国語辞典』第6版）である。しかし哲学、それも私の専門中の専門である弁証法においては、「矛盾の本質は、ある事物が対立を〈せおっている〉という関係」（三浦つとむ、1968、276頁）のことである。例えば、私は、自分の親からすれば子どもであり、自分の子どもから見れば親である。私は子どもと親という対立を背負っているので、矛盾した存在ということができる。私が「子ども」だけになって、自分の子どもを放っておくことはできないし、「親」だけになって、自分の親を放っておくこともできない。子どもと親という二側面のバランスを取りながら生活していく必要がある。このように、弁証法でいう矛盾とは現実に存在するものであり、対立物の調和を維持することが必要な場合が多い。このように調和を維持する必要がある矛盾を非敵対的矛盾という。「対立する両者が闘争し、止揚によって矛盾を克服して解決される矛盾を敵対的矛盾といい、反対に両者が調和するように努力しなければならない、実現そのものが解決である矛盾を非敵対的矛盾といい」（同前、282～283頁）、「実現が直接解決である非敵対的矛盾は、その形態の研究に焦点を合わせなければならない」（同前、283頁）とされている。

いったい何の話をしているのだと思われる読者もおられるだろうが、端的にいうと、仕事と私生活は矛盾した存在であり、その調和的解決が求められるということである。そこで私がどのような工夫をして、仕事と私生活の矛盾の調和的解決を図ってきたか、どのような形態でもって両者の矛盾を実現してきたかについて、いくつかの事例を紹介したい。

ご承知のとおり、心理職は自己研鑽が必要であり、休みの日であっても専門書や論文を読んだり、研修会に参加したりしなければならないこともある。私も、子どもができるまでは、余暇の大半をそのような自己研鑽に充てていたし、それで特に問題は生じていなかった。ところが、子どもが生まれてからは、そういうわけにもいかなくなった。父親としての責任を果たすためにも、妻の育児負担を減らすためにも、休みの日に私が子どもの面倒を見る時間がそれなりに生じたからである。自己研鑽と育児を、通常の意味の矛盾であると捉えてしまうと、「あちらを立てればこちらが立たず」となってしまい、両立不可能に思えてしまう。ところが私はこの矛盾を弁証法的な非敵対的矛盾として捉え、その調和的解決のための工夫をなしたのである。

例えば、子どもをおんぶして公園をぐるぐる歩き回りながら、読書をした。こうすれば、子どもを外気浴させることができるし、おんぶされていて適度に揺れるというのは、子どもにとって気持ちのいいものなのであろう、すんなりとお昼寝をしてくれることも多かった。そうして育児しながら、同時に自己研鑽のための勉強もできるのである。私はこの矛盾の調和的解決の形を、昔の小学校には必ず置いてあったという、薪を背負って本を読んでいる銅像に因《ちな》んで、「二宮金次郎的形態」と名づけた。そういうわけで、今でも神社仏閣などで二宮金次郎像を見ると、妙に親近感がわいてしまう。

●ダーウィンをまねる

二宮金次郎的形態では、私が同時にふたつの行動をしていたのだが、ひとつの行動をしてそれにふたつの意味をもたせるということもできる。普通に子どもの面倒を見ていること自体が自己研鑽の意味をもつ、という形である。例えば、哲学の中で私の専門のひとつに認識論という分野があり、この認識論の基本書に、海保静子『育児の認識学』（1999年、現代社）がある。これは、子どもの誕生から5歳までの認識の生成発展を説いた書物であるが、子どもができるまでは、この書を真に理解することができなかった。ところが、子どもが生まれて、実際に育児をしていく中で、この書に説かれていることが実感として理解できるようになっていったのである。

例えば、同書の158～171頁には、「人見知りの過程的構造」と題して、生後6ヶ月頃から生じてくる人見知りについて、図を多用しながら認識論的な説明がなされている。子どもができるまでは、「まあ、そういうものか」程度の理解であったが、実際に子どもができて、自分の育児体験や実際の子どもの姿と本書で説かれている内容を重ねてみると、ピタリと一致して、理解が大きく深まったのである。「なるほど！」と膝を打ったものである。これがすなわち、育児をすると同時に自己研鑽をするということである。

認識論など知らない方でも、発達心理学や応用行動分析学の勉強として育児に取り組む、ということであれば、心理職にとって抵抗が少ないだろう。進化論で著名なダーウィンは、自分の子どもの表情やしぐさを科学的に研究したそうなので、これを矛盾の調和的解決における「ダーウィン的形態」と呼んでもよいだろう。

●託児付きの研修会・学会

仕事と私生活を両立させるためには、託児付きの学会や研修会は非常にありがたかった。私は仕事として学会や研修会に参加し、私生活としての育児は他者に任せるという形で、矛盾の調和的解決を図るのである。例えば、日本心理臨床学会は、学会期間中、かなり格安の託児料金で子どもを預かってくれる。妻も心理職なので、日本心理臨床学会が横浜で開催された時には、家族旅行のような感じで参加したものであった。

私が理事を務める一般社団法人ＣＢＴを学ぶ会の研修では、代表理事の意向でなんと、託児料が無料どころか、託児を利用した参加者は受講料が半額になるという、子育て世代にとってはすばらしいとしかいいようのない制度を設けている。この制度を利用すれば、研修参加と育児の両立が可能となるだけではなく、私の受講料も安くつくと同時に妻の育児負担も減るという、複数の「あちらを立ててこちらも立てる」という形態が実現するのである。今後、心理職のワーク・ライフ・バランスのためにも、同様の制度を採用する学会・研修会が増えることを強く期待している。

他にも、ワークとライフの両立とは言い難いかもしれないが、私は矛盾の調和的解決の形を工夫してきている。病院の常勤心理職として働きながら副業として個人事業主をやるのも、サラリーマンとフリーランスの両立の形であるし、病院の常勤心理職として働きながら、その病院からの出張という形でスクールカウンセラーをやるというのも、矛盾の調和的解決のひとつの形態である。このように、矛盾は両立しないと常識に縛られてあきらめてしまうのではなく、弁証法的に両立できる形態を考えていくことがワーク・ライフ・バランスのためには必要だと考えている。

2　対立物の相互浸透

●クライエントのストレス対処と自分のストレス対処

本節では、弁証法のもうひとつの論理でもって仕事と私生活の関係について考えてみたい。ここで使うのは、対立物の相互浸透という論理である。これは、「対立物が媒介関係にあると共に各自直接に相手の性質を受けとるという構造を持ち、このつながりが深まるかたちをとって発展が進んでいく」（前掲、三浦、1968、95頁）ことである。わかりやすい例としては、夫婦があげられる。結婚すると、ふたりの間に新しいつながりができ、コミュニケーションをとっていくことによって、相手の性質を受け取るようになっていく。夫は徐々に妻の性質が浸透してきて妻的になり、妻は徐々に夫の性質が浸透してきて夫的になっていく。ごく簡単にいってしまうと、対立物（両者）が相互に影響を与え合って、変化・発展していくということである。

私が心理職として働きはじめてから一番実感した仕事と私生活の相互浸透は、クライエントのストレス対処と自分のストレス対処の相互浸透であった。これがどういうことであるのかを説明するためには、まず、私の臨床上の専門であるCBTについて解説しなければならない（なお、ここでは厳密性を期するために、アーロン・ベックの創始した認知療法を指す略語として、CBTという言葉を使う）。

CBTでは、クライエントのストレス対処として、例えば、考え方（認知）を変えることによって不快気分を和らげるという方法をクライエントが使いこなせるように支援する。この方法を認知再構成法といい、CBTでは最も代表的な技法のひとつである。この技法を使ってクライエントを支援するためには、やり方をクライエントに伝え、初めはいろいろな質問をくり返して、しっかりと認知をキャッチしてもらったり、別の楽になる認知を見つけてもらったりしていく必要がある。すなわち、セラピストとクライエントが対話することによって、カウンセリングや心理療法が進展していくのである。しかし、CBTの最終目標はクライエントの自助である。

最終的にはクライエントひとりで、この技法が使いこなせるようになることがゴールなのである。いわば、クライエントが自分で自分にCBTを実施できるようになることがゴールなのであり、このゴールを指して、“Be your own therapist.”（自分自身の治療者になりなさい）という標語が使われることもある。

このようなCBTの特性上、心理職自身が自分のストレス対処として、自分に対してこの認知再構成法を使うこともできる。というより、実際に使って効果を実感し、やり方に習熟しておくと、より効果的に支援に活かせるはずである。少なくとも私はそう考えて、臨床でCBTを使いながら、自分に対してもCBTを実施していったのである。具体的には、パソコンの表計算ソフトのエクセルで「状況」「認知（自動思考）」「不快気分」「適応的思考」「結果」という五つの欄をつくって、不快な気分を体験した時にこの欄を埋めていくのである。こうして自分で使い続けていくと、クライエント相手に適用しているだけの場合よりも、より多くのことに気づく。例えば、「状況」欄に共通性があり、これが自分の主たるストレッサーなのだと気づいたり、「不快気分」欄は怒りが多いということに気づいたり、怒りにつながる認知は根拠のない「べき思考」なのではないかという仮説に思い至ったり、などである。そしてその気づき・成果を引っさげて、クライエントに対してCBTを行う。そうすると、今まではクライエントの「状況」欄の共通性という視点はなかったのに、その共通性を探ろうとしている自分がいる。私と同じく怒りがテーマのクライエントの場合、「認知」欄に「～するべきだ」「～するべきではない」という形で書いてもらうように教示するだけで、ホットな認知が格段に捉えやすくなる。このように、自分自身のストレス対処としての認知再構成法で気づいたことを、クライエントのストレス対処としての認知再構成法に活かしていったのである。逆に、ここでは詳細を書かないが、他人であるクライエントの認知再構成法でこそ、気づくこともあり、それを自分の認知再構成法に活かしていけたこともあった。

このように、自分の私生活で、自分のストレスを低減するためにCBTを使い、そこでの気づきや成果を引っさげて、仕事でクライエントのストレス対処の方法としてCBTを使う際に活用する。同時に、仕事でクライエントのストレス対処としてＣＢＴを活用する中で気づいたことや学んだことを、私生活において自分にＣＢＴを実施してストレス対処する際に使っていく。こうすることで、自分のストレス対処とクライエントのストレス対処が相互浸透的に発展して、自分のストレス対処が上達し、かつ、臨床も上達していったということなのである。

●クライエントの育児と自分の育児

他にも同じような仕事と私生活の相互浸透がある。それは、クライエントの子育てと自分の子育ての相互浸透的発展である。

育児の悩みで来談されるクライエントは多い。そういう方に対して、前節で紹介したように、私自身が育児をして認識論的に気づいたこと、実感として学んだことをお伝えする。もちろん、私の育児とクライエントの育児は、諸々の条件が異なるので、無条件に押しつけるとか強制するとかではなく、あくまでも参考として、ヒントとしてお伝えするのである。そうやって、私の育児でうまくいった点をクライエントの育児にも浸透させる。同時に、クライエントの育児でうまくいった点を私自身の育児にも浸透させ、双方がより良い方向に変化発展するようにしていったのである。

一例をあげよう。抱っこしている間に子どもが眠ってしまった場合、ぐっすり眠ったと思って床におろすと、子どもは目を覚ますどころか、大声で泣きはじめて手がつけられなくなる、という経験は、親であれば誰しもあるだろう。私も同様の経験をして、いつまでも抱っこしていなければならず、非常に困っていたものである。そこで私は学んでいた認識論を応用して、目を覚まさせずに床におろす方法を編み出したのである。

海保静子『育児の認識学』によると、人間の認識は、「目・耳・鼻・口と、手足を中心とした皮膚によって構成される五感器官をとおして反映する感覚が脳細胞に像として合成され」（92頁）たものである。大人の場合は視覚中心であるが、子どもは視覚がまだ弱いため、原始的な感覚である触覚の占める割合が大きいと考えられる。ここから、抱っこした状態から床におろした状態に変化すると、子どもにとっては触覚的な変化が大きく、それが目を覚まして大泣きする原因となっているのではないか、と私は考えたのである。そこで私は、抱っこした状態のまま、つまり自分の胸と子どもの胸が接触した状態のまま、ゆっくりと床におろして、しばらくは接触した状態をキープするという方法を試してみたのである。親にとってみればかなり無理のある姿勢を強いるので、おろす際はしんどいのであるが、抱っこし続ける場合の腕の筋肉の痛みにくらべればそれほどでもないといえるだろう。そのようにしておろすと、子どもはいったん起きそうになるものの、そのまま眠り続けることが多かった。胸と胸が接触している感覚が安心感をもたらしていたので、その感覚がなくなると、とたんに不安になって目覚めてしまっていたが、その接触の感覚がずっと続くので、安心して寝ていられたのだと推測できる。そしてこの方法を、私と同じく子どもをずっと抱っこしていなければならないということで困っておられたクライエントにお伝えして、うまくいったケースがあるのである。これが私の子育てをクライエントの子育てに浸透させた例である。

逆に、クライエントの子育てを私の子育てに浸透させた例としては、おんぶ紐がある。あるクライエントから、今風の前に子どもを抱える抱っこ紐ではなく、昔ながらの背中に背負う形のおんぶ紐がよいと勧められて、自身の子育てに取り入れたのである。確かに私の子どもも、おんぶしている時の方が気持ちよさそうにして、すっと眠ってくれることが多かった。眠ってくれないまでも、おんぶしている状態だと両手が比較的自由に使えるので、そのまま家事をすることもできた。そして、手で本をもって読むこともできた。これが前節で紹介した二宮金次郎形態の創出へとつながっていくのである。

このように、私の育児の工夫をクライエントが取り入れ、クライエントの育児の工夫を私が取り入れてまた別のクライエントに伝えていく、というような形で、双方の育児が相互浸透的に発展していったといってよいと思う。このおかげで、自分の私生活がだいぶ楽になったし、クライエントの育児の困りごとも解消していくことが多くなった。

●妻との相互浸透

仕事と私生活に関わって、私と他者との相互浸透も数多くあった。一番大きかったのが妻との相互浸透である。私たちは共に心理職であるものの、専門が大きく違う。私の専門はCBTであり、妻の専門は愛着である。また妻は、博士号を取得しており、論文の書き方には私よりも通じている。そこで、私は妻から愛着や論文の書き方について教わり、私は妻に曝露療法（不安が高まる状況にあえて身をさらすことによって、不安を和らげていく方法）やCBTのエビデンスについて教える。このようにして、私が妻化し、妻が私化するという相互浸透が発展していった。もちろん、このような仕事の専門性に関わる相互浸透だけではなく、私生活におけるちょっとした習慣や考え方なども相互浸透していったと思う。

他に有益だったのが、私の人脈と妻の人脈の相互浸透である。もともとは私の知り合いであった方が妻ともつながり、妻の人脈の中に浸透していくと同時に、もともとは妻の知り合いであった方が私ともつながり、私の人脈の中に浸透していった結果、新しい仕事を得られたり、仕事や私生活の問題を解決したりすることにつながっていったのである。

例えば、今書いているこの原稿の仕事も、半分くらいは妻のつながりで得た仕事である。もともとの私だけの人脈では、声をかけていただけなかったかもしれない。妻の人脈が私の人脈に浸透したおかげで、この仕事を得られたと理解している。逆に、私に公認心理師現任者講習会の講師の仕事や大学非常勤講師の仕事の依頼があった際、私が引き受けるだけではなく、妻にもつないだこともある。こうして、妻も新しい仕事を得られたのである。また、妻が論文執筆で専門的な統計の問題で壁にぶつかっていたとき、統計に詳しい私の知人を紹介したこともあった。これによって妻は無事、論文を完成させることができた。これは人脈の相互浸透で問題解決に至った例ということができるだろう。

3　新型コロナウイルス感染症に関わる弁証法性

●研修会や学会のオンライン化

２０２０年は新型コロナウイルス感染症のパンデミックということで、歴史の教科書にも大きく取り上げられる年になると思われるが、この新型コロナウイルス感染症の流行が、私の仕事と私生活にどのような影響を与えたかにも触れておきたい。

まず、研修や学会の変化である。２０２０年４月の緊急事態宣言以降、研修や学会のオンライン開催が普及しはじめ、１年間でほぼ一般化したといってよい。私の仕事でいうと、２０２０年の４月前後に、新型コロナウイルス感染症の流行を理由として、複数のメンタルヘルス研修の延期、ないしキャンセルがあった。また、この頃すでに、８月開催予定でＣＢＴ研修も計画していたが、この開催も危ぶまれるようになった。そこで私は思い切って、５月の初旬にオンライン研修を実験的に開催することにした。幸いにしてほぼ問題なく実施できたので、８月に予定していた研修もオンライン開催に切り替え、無事に終えることができた。これ以外に、病院主催の研修会も含めて、何回かオンライン研修会を実施した。

オンライン研修後のアンケート結果によると、おおむね好評で、遠方におられる方から、交通費や宿泊費なしで参加できてよかったという感想をたくさんいただいた。また、視聴期間を１ヶ月ほど設けた録画視聴参加という形態では、子育て中の方の参加が多く、子育てをしながら自分の空き時間に少しずつ視聴できたので非常によかったという声が多かった。

学会も、オンライン開催に切り替わっていった。私がコア・プログラム委員、および実行委員として関わっていた第20回日本認知療法・認知行動療法学会も、2020年11月に京都で開催予定であったが、議論を重ねた末にオンライン開催に変更となった。切り替えの判断がやや遅れてしまったが、大会長以下、大勢の先生のご協力を得て、結果的には大盛況の学会となった。

●会議・講義のオンライン化

もろもろの会議や大学の講義もオンライン化が進んだ。第20回日本認知療法・認知行動療法学会の準備のための委員会は、2020年2月頃までは対面で行われて、会議後は大会長の先生やその他の先生方と飲みに行くのが定番だった。飲み会好きの私は必ず参加して、精神科医療やCBTについていろいろな情報交換をして、非常に有意義な時間を過ごしていた。ところが緊急事態宣言以降は、会議もすべてオンラインになり、移動の手間が省けたのはよかったものの、飲み会がなくなって非常に残念だった。

他にも、都道府県臨床心理士会の理事会や各都道府県臨床心理士会の医療保健領域の代表者会議のようなもの、それに非常勤講師として担当している大学の講義も、すべてオンラインでの実施になった。会議会場に移動したり、通勤したりする時間は大幅に削減されて、その分、私生活に回すことができるようになったので、非常にありがたかった。反面、会議後の飲み会はなくなり、東京へのプチ旅行もできなくなり、更に大学周辺のおいしいラーメン屋めぐりも不可能になるなど、生活の充実度が下がってしまったという側面もあった。

●カウンセリングのオンライン化

病院の業務では、感染予防策として手洗いや消毒、マスク着用の徹底、アクリル板の設置などが行われたが、私が担当していた強迫性障害のクライエントが複数名、来院できなくなってしまった。また、オンライン・カウンセリングの導入もなされた。病院からの出張として行っていた企業でも、部署によっては在宅勤務が増えて、それに伴ってオンライン・カウンセリングを実施するようになった。すなわち、私自身はその企業に伺っているが、カウンセリングの対象者である従業員は在宅勤務であるので、オンライン会議システムを使ってカウンセリングを行うのである。その数も、年度末に近づくにつれて、徐々に増えていった。音声が聴き取りづらいなどの支障が多少は出たが、概して、オンライン・カウンセリングでも問題なく実施できたと思っている。この結果は、休職中の従業員に対する手軽なカウンセリング実施方法として活用できる可能性を示したものとも考えられる。

以上、新型コロナウイルス感染症の流行に伴って、仕事と私生活がどのように変化していったかについて述べてきた。私の哲学上の専門である弁証法は、最新の知見によると「自然・社会・精神の一般的な運動の学問」（南郷，２０２０，２６８頁）である。そこであえて弁証法的に説くならば、本稿の内容は、時代の弁証法性（変化性）に合わせて、仕事と私生活にどのような弁証法性（変化性）をもたせたかの紹介であったともいえる。また、コロナ禍といわれるように、一般的・常識的にはマイナスの現象であった感染症の流行の時期に、逆にどのようなプラス面があったのかを、私なりに説いたものでもある。コロナ禍のマイナス面ばかりに目を向けるのではなく、弁証法的に矛盾として捉えて、そのプラス面を見出していく努力こそが、ポスト・コロナ時代の私生活にも仕事にも、求められるのではないだろうか。

おわりに

私のこれまでの仕事と私生活は、すべてがすべて、うまくいったわけではなく、それなりの失敗や挫折もあった。しかし、何とか両者のバランスを取りながら両立することができたのは、家族や所属病院の理解と支援があったからにほかならない。非常に感謝している。

と同時に、これまでも説いてきたように、弁証法の研究と実践がとても役立ったという実感もある。対立物が両立するためにはどのような形態を創出すればよいのかという観点で考えてみたり、対立物がよりよい方向に発展するために相互浸透を意識してみたり、マイナスと思われる事物・事象の中に矛盾した側面＝プラスの側面があるのではないかと問いかけてみたりする中で、仕事と私生活の調和をとり、よりよい変化発展につなげるヒントが得られたと思う。その意味で、一緒に弁証法を研究し、情熱を燃やし合った京都弁証法認識論研究会の仲間に対しても、感謝するところ大である。

私の拙い発想や工夫のひとつひとつが、少しでも読者の方々の励みや参考になれば幸いである。

引用文献

海保静子（1999）『育児の認識学』現代社
三浦つとむ（1968）『弁証法はどういう科学か』講談社
南郷継正（2020）『ヘーゲル哲学・論理学〔学の体系講義・新世紀編〕』現代社

COLUMN 9

コラム9

配偶者からの声

若井裕子（滋賀県教育委員会／京都女子大学）

時折、「旦那さんも心理士なのですか？」と驚かれたり、「夫婦で心理士ってどんな感じですか？」と聞かれたりする。どうも、心理士夫婦はお互いの心理を読み合う恐ろしい在り方だと思われているようである。しかし、実際は一般的な夫婦のように、お互いのこころでわからないことも多く、子育てで喧嘩をすることも多いように思う。

冗談はさておき、心理士夫婦であっても一般的な夫婦と大きく変わることはなく、千差万別だと思う。しかし、夫が心理士だからこそ感じるであろう感情もあるように思われる。

例えば、私はスクールカウンセラーを主な仕事としながら、大学の非常勤講師や講演などの仕事もしている。おそらく、平均的な心理士よりもキャリア志向なのだろう。仕事にとてもやりがいを感じる私にとって、子どもを授かった時、自分がこころから望んだ結果である、妊娠、出産、子育てではあるが、それによって失うキャリアに対して強い葛藤を感じてきたのも事実である。かけがえのない子どもの存在にとても感謝している一方で、産休や育休という制度を受けられる立場にない私は、仕事を辞めるという選択肢しかなかったように思う。ふたり目を妊娠した際も、出産の時期に合わせて、年度途中までスクールカウンセラーの仕事を続けることは、後任の心理士が見つからない可能性があったり、相談者への負担になる可能性があったりといろいろと迷惑をかける可能性が高いこともあり、泣く泣く辞めるという判断をした。大学の仕事は一度辞めてしまうと自分の元にその仕事が返ってくることはほぼないだろうという考えと、ぎりぎり働ける範囲だという判断により、臨月まで仕事をさせてもらったが（9月に出産予定だったが、9月までの前期の講義を担当）、出産予定日があと1〜2ヶ月早ければ仕事を諦めるしかなかっただろう。このように、妊娠・出産というライフ・イベントは、どうしても女性が担うしかなく、その間は諦めるしかないことが現実的に少なくない。

産後もそうである。夫の職場はやや遠いため通勤時間が長い。そのため、必然的に、朝はひとりで小学校低学年の子どもを学校に送り出したり、乳児の着替えや食事などの世話をしたりしつつ、自分の化粧など仕事の準備もしなければいけない。保育園の送迎もあるため、あまり早い時間から働くことは出来ず、夕方も保育園のお迎えに間に合う時間までしか働けない。週末などの休日についても、最近は、新型コロナウイルスの拡大により、オンラインでの研修が週末や夜間などに行われるようになってきたが、子どもの面倒をみながらの参加しか出来ない。夜間の研修も子どもの入浴や寝かしつけの時間と重なることが多い。これらの理由から、子どもが小さいうちは、必要最小限の研修に参加するのみで、研修への参加を諦めることがほとんどである。

このように、心理士でない家庭と同様に、心理士夫婦であっても子育てと仕事を両立させる際の葛藤は少なくない。特に、私は愛着理論を研究してきたこともあり、幼少期の子どもへの関わりはとても大切だと感じている。そのため、子どもに対して丁寧に関わりたいと思うのだが、子育てに力を注ごうとすれば、仕事や研究に費やす時間や労力が必然的に削られ、強い葛藤に苛まれる。そのため、夫をうらやましく思うことが多々ある。誤解を恐れずにもう少し率直に言うなら、夫のしたいことを自由にさせてあげたい、夫のしたいことを支え応援したいという思いは結婚前から継続してあるのだが、子育てに対して、もっと、時間、労力、思いを割いてほしいという不満がどうしてもあるのである。これは仕事にやりがいを持つ夫婦にはよくある葛藤であろうし、心理士夫婦特有のものではないと思う。しかし、夫が同じ心理士だからこそ、夫が充実した生活（仕事）をしているのを傍目に子育てしていると、心理士仲間に差をつけられていくかのような感情になるのだと思う。

余談だが、ふたり目の子どもを授かり、仕事を失った際、私は「この憤りをどこかにぶつけてやる！」と思い、仕事を失って得られた自由な時間に論文を執筆した。つわりにはかなり個人差があるらしく、私のつわりは臨月まで続いたのだが、強い憤りのおかげもあって2本の論文を完成させることができた。まさに産みの苦しみである。おかげで2本とも審査に通過し、掲載していただけた。もし私に心理士の夫がいなければ、これらの論文が世に出ることはなかったかもしれず、夫の存在に感謝している（笑）。

さて、心理職には生涯にわたって研鑽が求められる。勤務中に研修環境が用意されている職場もあるだろうが、そのような職場よりもプライベートの時間に研鑽を積まないといけない環境にいる心理職の方が多いだろう。そのため、子育てや介護など、自分以外の他者に対して、献身的にプライベートの時間や労力を割かないといけない状況にある心理職にとって、その期間は強い葛藤が生じるだろう。しかし、多種多様な苦しみや葛藤を抱える相談者に対峙する心理職だからこそ、そのような葛藤さえもいつか活かせる可能性が残されていると思うと、私の心は少し軽くなるのである。

第13章 セカンド・キャリアとしての心理職とワーク・ライフ
——看護職や多職種から次の道へ

牧野みゆき〈元〉武蔵野大学認知行動療法研究所）

はじめに

誰かがセカンド・キャリアを選択しようとしているとしたら応援したいと思うし、自分がやりたいことをやってみてはと思う。本章で後に紹介するセカンド・キャリアを選択し歩んできた恩師や仲間の共通点となる考え方はどこか「楽観的」であった。一度は就職したものの、何か思うところやきっかけがあり自ら他の道を選択することについて、困難や苦しみが伴うもののどこか楽しんでプロセスを踏んでいるように私には見えた。

読者の中には、心理職になりたいと考えている学生の方、心理職以外の仕事をされていて心理職に関心があったり目指そうと何か行動したりしている社会人の方、現役の心理職の方（心理職に就いていて別の職に就こうとしたり、すでに別の職業に就いたりしておられる方）などいろいろな人たちがいるのだろう。その中でいうと、私は心理職以外の仕事をしている中で臨床心理に関心を持ち、大学へ社会人入学をして心理職に進んだ当事者である。リアルな話として、実際に経験したことや私の周りに案外多くセカンド・キャリアの同僚や恩師がいて、この企画をきっかけにインタビューをした内容をふまえてお伝えしたい。イメージとしては、大学入試のための入学要項やオープン・キャンパス等では知ることが難しいような、私的でリアルな内容であり、それが読者の方にとって情報のひとつとなりささやかなエールになれば幸いである。

1　セカンド・キャリアとは

セカンド・キャリアの定義は次のようになる。

「〝第二の人生における職業〟といわれるセカンド・キャリア。中高年の早期リタイアや定年後のキャリア、出産・育児後の女性の社会復帰、プロスポーツ選手の引退後のキャリアを示す意味合いで使われます。（以降省略）」(https://jinjibu.jp) とあり、つまりライフ・イベントや大きな変化の後に続くキャリアということである。ちなみにキャリア（career）は中世ラテン語の「車道」を起源とし、英語で競馬場や競技場におけるコースやそのトラック（行路、足跡）を意味するものであったらしい。職務や労働としてのキャリアもしくはキャリア形成とは過去から将来の長期にわたる職務経験やプロセスを意味し、「職業生涯」や「職務経歴」などと訳されている（厚生労働省、２００２）。

ここで述べるセカンド・キャリアは、退職や育児などライフ・イベントや大きな変化によるきっかけだけでなく、定職に就いている中で臨床心理学などの学問や専門職に関心をもったことが動機となり、自ら第二の職業を選択したプロセスをイメージし述べている。

2　国内・国外のセカンド・キャリアの現状

セカンド・キャリアに関する国内・外の研究はアスリートを対象にしたものが発展しており、現役スポーツ選手が引退した後のキャリア形成について研究されているものがある。アスリートに限らず研究以外にも調査の点からは、厚生労働省の資料によると経済協力開発機構（OECD：Organisation for Economic Co-operation and Development）の中でも日本における社会人入学の割合の低さが数字で示されている（文部科学省、２０１８）。

例えば、30歳以上の修士課程入学の割合は日本は12・9％に留まり、OECDにおける平均は26・3％、オーストラリアは48・3％、アメリカは38％である。その低さの要因としては、例えば企業に勤めながら社会人入学することへの企業側のリスク（業務に支障が出るなど）や個人の負担（勤務しながら時間捻出しなければいけないことや学費の負担）、大学の整備（社会人向けの休日・夜間の開講など）があげられる。国内における社会人入学について、特に医学や臨床心理学などの専門職など日中の実習などが必須になるものは、仕事を退職せざるをえないほどハードルが高いものなのかもしれない。

3 私のセカンド・キャリア

ここからは私の個人的な話になるため、世の中にはこういう人もいるという程度で読んでいただければ幸いである。

●社会人入学へのきっかけ

私は高校卒業後、短大の看護学科へ入学した。その頃から人の気持ちやこころに関心があり、精神科看護の先生の研究室に入りびたり、いろいろなことを教えてもらった。精神分析や防衛機制を学んだ時、自分自身や人への理解が深まるような新しい感覚の面白さを覚えた。また、今の仕事とつながることになる「PTSD（心的外傷後ストレス障害）」「トラウマ」という言葉を初めて知り、それに関するテーマを卒業論文とした。ここから私のこだわりが始まったのかもしれない。

もっと勉強をしたいと思い短大卒業後の進路は大学編入することが第一希望であったが、経済的な面から難しく就職することにした。その時点でただ就職するのではなく、就職して学費を貯めて社会人入学しやすい大学附属病院に就職しようと考えていた。その際「大学病院の精神科看護師になりたい」と先生に相談した時、まずは身体を診られるようになってから精神科に進んだ方がよいと助言をもらい、私は某大学附属病院の脳神経外科病棟へ就職することになる。

大学病院での経験がより人の気持ちについて勉強したいと思わせた。緊急的で急性期的なケアから慢性期的なケアまで幅広く多忙な業務の日々の中、患者さんや家族の話を私はちゃんと聞けているのだろうか、自分の言葉がどのように届いているのだろうかと思いながら、その時は精一杯できることをやっていたと思う。看護師としての新人一、二年目は必死に働く日々であったが、徐々に進学することへの関心が高まり準備し始めた。準備というのは、まず進学する大学を検討することであり、書店や図書館にある参考書を読んだり大学から資料を取り寄せたりし情報収集をした。当時、勤めていた大学附属病院は、ありがたいことに退職せずに大学（看護学部）へ編入できる制度もあったが、ある先生との出会いで別の道へ進むことになる。今となっては度胸がある自分に驚くが、当時の大学附属病院の大学にある看護学部の先生にアポイントを取って相談しに行ったことがあり、自分が勉強したいことについて相談をした。短大時代の卒論を先生に見てもらい、私がＰＴＳＤやトラウマのケアに関心があることを伝えると、武蔵野大学の小西聖子先生が専門とされていることを教えてくれた。後に、私が社会人入学した大学であり、恩師となる先生である。

それにより、私は武蔵野大学へ編入することを目指し、臨床心理学を学ぶというよりＰＴＳＤのケアについて小西先生のもとで学びたいという動機で、大学から資料を取り寄せたり、オープン・キャンパスに参加したりもした。幸運なことに社会人入学枠も設けられていて、当時は論文と面接による試験であったと思う。夜勤明けや休日に職場にある院内の図書館へ行き、論文対策の準備をしたりしたのを覚えている。図書館で数えきれないくらい寝ていたことも今となってはよい思い出である。同僚や知り合いに、社会人入学をしている人はいなかったが、勤務しながら準備をすることは少しの不安とこれから勉強できるかもしれないという期待感が勝り、自分をワクワクさせるものであった。

●社会人学生時代

その後、無事に試験を通過し入学することができた。入学時私は25歳であった。当時編入制度がなく、かつ私は短大卒であったため、履修単位を振り替えられるものがほとんどなく、学部1年生から学んだ。想像していた通り、周囲は高校卒業したばかりの18、19歳の学生が多く、社会人が全くいなかったわけではないと思うが、私はやや浮いていたと思う。私としては「やっと勉強に集中できるんだ」という喜びにあふれていたため、浮いていたかもしれない自分に思い悩むことはなかった。幸いにも、同じ学科の同期には優しい仲間が多く「姉さん」と言って何とか受け入れてくれようとしていたり、実際共通の音楽の趣味があって一緒に過ごしたり遊んだりする友人もできた。それまでは6歳下の友人はいなかったが、大学入学を機に年下の面白い友人ができて、その友人からは音楽や文化などたくさんのことを教えてもらい、今となっては私の人生にとって大切な存在である。

入学後、小西聖子先生の研究室を訪ねた際、セカンド・キャリアの先輩を御紹介いただいた。看護職を辞めて武蔵野大学へ社会人入学し、博士課程に進んでいる先輩との出会いだった。その先輩にはそれ以降いつも助けられていて、時に励まされ、時に荷が大きい仕事を振ってくれたりもする、いまでも何かある時は相談しとても心強い先輩である。

●在学中の充実感と苦労

大学での学び直しは充実感とともに苦労を感じることも多々あった。当時は苦労感の方が強く、苦労感：充実感とすると9：1くらいであったが、いまとなっては5：5くらいに感じられる。あの時の辛さや苦労はキャリアのプロセスの一過程と思うと苦労感も充実感に代わるような感じがするのだ。

●充実感を感じたこと

①希望していた勉強をできていること

志望した大学へ入学でき、自分自身が関心のある研究や臨床について学べることに喜びと緊張感があった。とはいえ、すべての科目に興味を持てたわけでもなく、単位取得のために取ったという科目ももちろんある。哲学や社会学など心理学以外の科目を学べたことは、社会人になって学び直すことで自身の価値観や信念をより深められることにつながった。

②社会人だからこその機会を得られること

社会人経験があることによってボランティアやアルバイトを紹介してもらえる機会が多くあったと思う。すべてが臨床心理や研究分野につながる仕事内容であると思い、声をかけてもらえた仕事にはとにかく飛びついたし、そこでの出会いや経験も素晴らしいことばかりでいまの自分につながっていると思う。

③仲間の温かさ

社会人入学した学部では6歳下の友人がほとんどであったが、大学院へ進むと臨床心理学コースにいる半分が社会人であった。ストレートで進学している仲間からは勉強の仕方やコツを教えてもらったし、社会人の仲間とはお互いに励まし合い切磋琢磨していたと思う。励まし合うといってもお互いにアルバイトや研究で忙しくしていて、メールでやり取りしたり、たまに会えると飲みに行ったりするとかそういうことでやりくりをしていたと思う。とにかく必死に生活にも勉強にもしがみついていた。

●苦労したこと

①経済的能力

私の場合は、社会人入学する前にある程度貯蓄していたものの、その貯蓄で学部4年間と大学院2年の計6年間の学費と生活費を賄えるほどはなかった。結果、奨学金を継続的に借りていたし（その総額は数百万円、大学院卒業後に看護師として精神科病棟に勤務し2年で返済した）、在学中途切れなく看護師のアルバイトをしていた。病院や高齢者施設などの夜勤専門の看護師バイトをし、夜勤明けに大学の講義に出席したり、講義の後に出勤することもあった。他にも早朝や休日の看護業務を務めたりもし、体力に自信がある私でも疲弊して何のためにアルバイトをしているのか分らなくなったことも多々あった。

また、家賃を節約するためにも、大学4年間は大家さんの家の一部を間借りするかたちで、シェアハウスのような面白い生活をしていた。間借りをしているのは私以外に、美大生や海外の方もいたし、大家さんからは時折《ときおり》おかずやお菓子をもらったりし家族のように面倒をみていただいた。

②偏った認知

自分が目標とする大学へ社会人入学できているプロセスを振り返ると、自分が思い描くことはある程度は叶うという認知であったので「努力すれば叶う」「信念を貫けば達成できる」という信念の私がいたと思う。しかし、臨床心理の場面でそのような認知でものごとを捉えるのは限界があり、自身の偏った認知であることを痛感した。それに看護のスキルもある程度身についていたため看護師としての認知、例えば「苦しそうな人がいたらすぐに助けるべき」「援助をするうえで相手に不快な想いをさせてはいけない」という看護職としてかつ社会人ならではの先入観やフィルターでものごとを見ていることに気づくのに時間がかかった。

●卒業後の10年

大学院を卒業後、臨床心理士資格試験まで約1年の期間があるということや、自身の専門性を活かして勉強したいという想いもあり精神科病棟へ就職した。そこでも沢山の出会いや経験をしとても貴重な時間を過ごした。試験を控えていたため、通勤時に試験勉強をしたり夜勤の仮眠時にテキストを開いたりし試験勉強もしていた。

職場の臨床心理士の仲間から参考書や資料を教えてもらったりし励まされ助けれられたことを今でも覚えている。

その後資格試験に合格し、この資格をどのように活かせるのか考えていた。看護師と臨床心理士の資格を持っているからといって、世の中に特別なポジションはない。自分がどこに身をおくのかと考えるようになった。

そして、精神科病棟に勤務している中で、臨床心理学や認知行動療法を学ぶことで看護がしやすくなったことに気づき感動した。看護がしやすくなったというのは、例えば怒っている患者さんを目の前にしたとき、症状としてそれを捉えるだけでなく、なぜ怒っているのかをよく考えるようになった。怒りの感情が出る時は「誰かに自分の領域を侵入されたり、阻害されたりした時にでてくる感情」であるため、目の前にいる患者さんは自分の大切なことやものが侵されていると感じているんだと捉え、気持ちに注目し落ちついて話を聞くことができた。

その後、縁があり現在の職場に就職し、臨床研究が主な業務となった。しかしながら、看護師としての経験が多く、先にも述べた「苦しそうな人がいたら助けるべき」「援助をするうえで相手に不快な想いをさせてはいけない」という自分の狭いフィルターでクライエントを捉えてしまうと、相手の話を聞けていなくて、ほとんどが自分の思い込みになってしまうことに気づき苦しんだ。セカンド・キャリアに限らないかもしれないが、その人それぞれに認知の特性があるのは当然であると思うが、まずその特性に気づきその背景を知ることが、自分の特性とうまく長くつきあう方法なのかもしれないと思う。そのために私は次のことをしてきた。

①スーパーヴィジョンを受ける

自分の特性に気づけたのはスーパーヴィジョンのおかげである。もし受けていなかったらと思うと恐ろしい。自分の面接場面を録画し逐語にし、スーパーヴァイザーに録画と逐語をみてもらうことを毎週実施してもらっていた。そこで自分が前のめりになりすぎて、クライエントの話が終わるまで最後まで話を聞けていなかったり、終わる前に自分が話し始めていたり、何か役に立たねばならない、という精神で、精一杯クライエントに向き合っているつもりでもよく話を聞けていなかったことに気づいた。

②教育分析を受ける

教育分析を受けたことはとてもかけがえのない時間であった。数十年生きてきた中で初めて、自分の人生をじっくりゆっくり振り返る時間であった。セカンド・キャリアを選んだ理由もここであらためて知ることになり、ここからセカンド・キャリアへギア・チェンジし本格的に始動したように思う。教育分析で自分自身の一部を知れたことは自分にとっての財産であると言っても過言ではない。教育分析を受けていた当時、家庭との両立で早朝に受けさせてもらうなどし、当時の担当の先生には心から感謝している。

③同僚とよく話す

自分の特性を知るためにも同僚とよく話すことがとてもよかった。これに尽きる。本当に幸いなことに私の同僚は温かく面白い人ばかりである。自分の失敗についても嬉しいことについても話せる同僚がいるのは本当にありがたい。「ちょっと前のめりすぎ」「考えすぎ」などと直接的には言わないが、そのメッセージを間接的に私に伝えてくれているような気がする。それに自身の極端になりがちな認知を再構成するために同僚の言動がとても役に立つのだ。

大学院を卒業し十年以上経つが、振り返ってみるとこの十年は目の前にあることに必死に取り組んできたと思う。私の心理職の給与は病棟看護師時代の半分以下であったが、それでもここで学びたいというある意味自分のこだわりから、給与については二の次であり、看護師であり臨床心理士であるからこその仕事に就きたいという考えはほとんどなく、目の前にある仕事についてとにかく精一杯であった。そのような中でも、上司や同僚が「牧野ちゃんは二足のわらじだよね」「看護師時代の経験は大切にしてほしい」などと私の特徴や強みを引き出してくれ、私自身も自分の経験や価値感を通してものごとを考えることの楽しさや、ニッチなポジションに発展性を感じていった。それが今の私の将来の目標につながっていると思う。臨床心理学や認知行動療法が看護に役立つであろうという想いがある。

4　恩師や同僚のセカンド・キャリア経験談

先にも述べたが、私の身近にはセカンド・キャリアを経験している人、つまり心理職以外の職業に就いた後に心理職になった人や、心理職に就いた後別の職業に進んだ人が少なくなく、この執筆を機会に話を聞いてみたいと思った。話を聞かせて欲しいと依頼すると、多忙にもかかわらず、恩師をはじめ同僚は「面白い企画だね」「私でよければ」と快く引き受けてくれた。

ここで紹介するのは、心理から医学へ、司法から心理へ、エンジニアから心理へ、看護から心理へなど第二の職業を選択してきた人たちの経験談である。

セカンド・キャリアを目指すきっかけや、そのプロセスに対する想いは三者三様であった（**表13－1**）。臨床心理士を初めて知り、魅力を感じたり、震災をきっかけに人生を考え直したり、もっと勉強したいという思いであったり、それぞれである。そして想いだけにとどまらず行動に移していく。どのように行動に移したかは例えば**表13－2**に示した。社会人入学で大学や大学院へ入学するために、独自で勉強する人もいれば予備校に通う人もいる。一般の大学受験のように、過去問を取り寄せ出題傾向を考え対策もする。

セカンド・キャリアを目指したことでの苦しさという点は、それまで積み上げてきたキャリアや地位が関係なくなるため、また一から始めなくてはならないという点である。私自身も看護師1年目の新人時代はもう一生経験したくないと思うほどつらかったが、セカンド・キャリアをふむことで全く同じという訳ではないが、もう一度つらい新人時代を経験することになった。分からないことが分からないという感じのただただ常に不安定な分

表 13-1　セカンドキャリアを目指したきっかけ

・TV で心理職のことを知った
・家族に心理職について教えてもらった
・仕事の中で心理に興味を持った
・阪神淡路大震災の経験
・介護経験
・法律の仕事を通して人の気持ちに関心があった
・専門スキルを身につけたいと思った
・好きなことをしたいという信念

表 13-2　社会人から臨床心理士になるまでの流れ

・心理学系の学部（通信制）に入学。働きながら通い倍の年数をかけ卒業。通勤時や休日に勉強した。その後仕事を辞めて、大学院へ進む。大学院時代は貯蓄で対応していた。
・社会人入学できるところを探し大学院へ進んだ。
・勤務しながら産業カウンセラー養成のスクールに通学。その時の出会いによって進みたい大学院が絞られた。仕事をしながら受験勉強をし大学院入学をきっかけに退職。

からないことだらけのストレスフルな新人時代である。収入面においても一度学生に戻ることにより収入がなくなったり減ったりする点についても対策が必要となる。臨床心理士になれたとしても、前職と同等もしくはそれ以上の収入が得られるとは限らない。社会人の世代になると自身のキャリア以外の課題も大切になることがある。例えば家族の介護のことや育児のことなどである。実際に育児や介護等と両立して社会人学生や心理職をしている人もいるだろう。これからよりケアの時代が進むと言われていて、育児や介護どちらかではなく、両方のケア（育児も介護も）をしながら心理職を続ける人もいるであろう。時代によっても、セカンド・キャリアのサバイブ感は異なっていると思う。教授である恩師の20歳、30歳代は心理の専門性が社会的に整備されていなく、かつ女性の社会進出が今ほど簡単なものではなかった。女性が専門職として働き続けることすら厳しい状況があったという。

以上、困難になりうる点をあげたが、それぞれが言っていたことは、苦しくても「自分が好きで選んだこと」「なんとかなる」という思いに立ち戻り楽観的であったということである。

「セカンド・キャリアを選択しようとしている過去の自分に声をかけるとしたら？」という質問に対しては、特にその当時も「やるぞー！」という感じだったから声をかける必要もないとか、「それでいい」と、過去の自分を否定したり後悔したり止めようとする人はいなかった。また、社会人が学び直すことによる強みとして、思わぬことが起きたときの心構えや強さが社会人には備わっていたり、人生において失敗を重ねている分打たれ強いという面もあったりするという。そして、良くも悪くもやはり「楽観的」ということである。これは社会人だからということではないと思うし、社会人入学して楽観的な人がセカンド・キャリアでプロセスを踏めるということなのかよく分からないが、共通して話していたのは「楽観的」という言葉であった。セカンド・キャリアを生き抜くためにはこれがポイントなのかもしれない。セカンド・キャリアはいかにもハードルが高そうに見えるかもしれないが「楽観的」でいることがコツのひとつであると思う。

5　まとめ

セカンド・キャリアを選択するその背景には個人のさまざまな意味や課題があると思うが、当人はどこか楽観的で自己中心的で、好きなことをするという人生を歩めている幸せな人生なのかもしれない。経済的負担や、キャリアがリセットされることなど苦しいと思うことも大いにあるが、それをふまえて自分が選んだ好きなことをしていることに価値があり、自分が選んだこととして抱えることができる。昨今、新型コロナ感染症により、より自分の価値観や生き方について考える機会が多くなったと思う。何をするにも苦労が伴うとしたら、「私が」したいことに価値を置き、それを「私が」自分で選択することが覚悟でもあり、楽観的になれる人生の歩み方なのかもしれない。

注　最後に、本章を書くにあたり、インタビューに快く協力くださった武蔵野大学の小西聖子先生、淺野敬子先生、今野理恵子先生、山本このみ先生へ心から感謝いたします。

引用文献

厚生労働省（２０２０）「キャリア形成を支援する労働市場政策研究会」報告書〔https://www.mhlw.go.jp/houdou/2002/07/h0731-3a.html〕

文部科学省（２０１８）「今後の社会人受入れの規模の在り方について」〔https://www.mext.go.jp/b_menu/shingi/chukyo/chukyo4/042/siryo/__icsFiles/afieldfile/2018/07/26/1407548_3.pdf〕

COLUMN 10

コラム10

文化的マイノリティ

藤岡 勲（佛教大学）

文化的マイノリティと聞き、イメージするのはどのような人物であろうか。日本の臨床心理学の研究領域に限れば、文化的マイノリティは「遠い世界の人」として映っているかもしれない。なぜなら、日本心理臨床学会の学会誌である『心理臨床学研究』における民族的マイノリティを対象とした研究活動の傾向を調べたところ、発表された１１０１本の研究成果のうち、民族的マイノリティを対象とした研究は９本（０・82％）しかなかった（藤岡、２０１４）ためである。

果たして文化的マイノリティは、「遠い世界の人」なのだろうか。多様性にもいろいろな側面があることを知ると、決してそうではないことに気づかされる。海外の臨床心理学において多様性について考える際、参照されることが多い枠組みにADDRESSING（Hays, 2022）がある。これは、**表１**にあるように、多様性の各側面にADDRESSINGする（扱う）ことが重要であることを示している。この枠組みは、誰しもが何かしらのマイノリティ的側面（あるいは逆に、マジョリティ的側面）を持っている可能性があることを気づかせるのではないだろうか。

一方で、文化的マイノリティというテーマが身近なものであることを知るだけでは十分とは言えない。なぜな

表 1　扱うべき（ADDRESSING すべき）多様性の側面

Age and generational influences（年齢／世代による影響）
Developmental disability or other Disability（発達障害、あるいは、その他の障害）
Religion and spirituality（宗教および精神性）
Ethnic and racial identity（民族／人種に関するアイデンティティ）
Socioeconomic status/social class（社会経済的地位／社会階級）
Sexual orientation（性的指向）
Indigenous heritage（先住民族としての背景）
National origin（出身国／国籍）
Gender（性別）

注　下線の文字をつなぐと ADDRESSING になる。

［Hays（2022）をもとに著者が作成］

ら、文化的マイノリティについて考える際には、集団間の規模の違いや権力作用が人々に多大な影響を与えるからである。マジョリティとは集団規模が大きい上に行使できる権力が大きい集団である一方で、マイノリティとは集団規模が小さい上に行使できる権力も限られている集団だと言われている（Schermerhorn, 1970）。そのような特徴を持つマイノリティは、弱い立場にあるため、（多くの場合、ストレスフルな）固有の体験をしているだけでなく、それらの体験が理解されにくい状況にあると考えられる。他方、マジョリティは、特権的地位にあることから、（多くの場合、そのことに気づかぬまま）さまざまな恩恵を受けていると考えられる。このようなマイノリティとマジョリティの違いは、日常生活においていろいろな形で顔を出しているだろう。例えば、曖昧かつ無意識的で見えにくいながらも深刻な影響を与える差別であるマイクロアグレッション（microaggressions; Sue, 2010）は、近年注目されている。

文化的マイノリティというテーマは、想像されているよりも身近なものであり、生活のさまざまな場面で幅広く、かつ、根深い影響を与えている。そのため、心理職の仕事と私生活の両面に関わっているとも考えられる。文化的マイノリティというテーマを我がことのように思っていただけた読者の中で、このテーマについて更に学びたい方は、スー他（Sue et al., 2022）を参照されたい。

文献

藤岡勲（２０１４）「『心理臨床学研究』における民族的マイノリティを対象とした研究活動」『心理臨床科学』４（１）、13－23頁

Hays, P. A. (2022). *Addressing cultural complexities in counseling and clinical practice: An intersectional approach* (4th ed.). Washington, DC: American Psychological Association.

Schermerhorn, R. A. (1970). *Comparative ethnic relations: A framework for theory and research.* New York: Random House.

Sue, D. W. (2010). *Microaggressions in everyday life: Race, gender, and sexual orientation.* Hoboken, NJ: John Wiley & Sons.〔D・W・スー著、マイクロアグレッション研究会訳（２０２０）『日常生活に埋め込まれたマイクロアグレッション――人種、ジェンダー、性的指向：マイノリティに向けられる無意識の差別』明石書店〕

Sue, D. W., Sue, D., Neville, H. A., & Smith, L. (2022). *Counseling the culturally diverse: Theory and practice* (9th ed.). Hoboken, NJ: John Wiley & Sons.

第14章

ジェンダー・セクシュアリティの問題とワーク・ライフ——心理職3名の座談会を通して

小林良介（都内精神科クリニック勤務）
金　智慧（早稲田大学）
佐藤遊馬（東京大学大学院）

1　はじめに

●私たちと性

本章を執筆している現在、ちょうど東京オリンピックに向けての聖火リレーが始まったところである。「多様性と調和」を掲げ、「ジェンダー平等」を推進していく東京オリンピックではあるが、女性蔑視発言など性に関してさまざまな課題や問題が生じていることは読者もご存じのことであろう。性の多様性は、臨床心理領域に携わっている私たちにとっても重要なテーマのひとつである。クライエントが性の悩みや葛藤を語る場面もこれまで以上に多くなっていると推測される。もちろん、そういった悩みを持つのはクライエントだけではなく、社会に生きる私たち心理職もまた、性に関して思うことは多かれ少なかれあるのではないだろうか。本章においては、心理職であると同時にLGBT（Lesbian, Gay, Bisexual and Transgender）当事者でもある私たち3人が普段感じているワーク・ライフについて、私たちの目線でお伝えしていこうと思う。私たち3人が心理職を代表する者ではないのと同様に、LGBT当事者を代表する者でもないということは念頭に入れて読み進めていただけると幸いである。また本章では、「ジェンダー」を社会文化的文脈における自身の性、「セクシュアリティ」を自身の性の動きや方向性に関して指すこととし、それらのマイノリティの総称として「LGBT」という表記を用いる。

●筆者らについて

まず、簡単に私たち3人のことを説明する。大学院時代に知り合い、互いにLGBT当事者だとわかり、臨床でも研究でも相談でき、プライベートでも親交のある関係である。各自で違いはあるが、私たちは心理職として5年前後の経歴で、医療・教育・福祉領域を掛け持ちして働いてきた。その中で、LGBT領域に特化した仕事も持ったことがある。

また、小林・佐藤はゲイ男性、金はバイセクシュアル女性である。今回、自分たちが一番自然体で話せそうな形式ということで、座談会を開き、その内容を執筆する形になった。事前に簡単な質問項目を用意し、約120分の座談会を実施した。次の節から座談会で語られた内容を記していく。

2　座談会

●クライエントに対する意識・対応

〔クライエントに自分のセクシュアリティを開示するか〕

佐藤　過去にLGBT向けの電話相談をしてたときは、聞かれたら当事者だと伝えていた。他のスタッフもそうしているというのを知って。

小林　当事者のクライエントに対してはあるけど、非当事者のクライエントには言ったことはない。

金　当事者に対しても一回もない。

小林　結婚してるのかと聞かれたら素直に「ない」って言う。「ゲイなの？」っていうのも一回冗談みたいに聞かれたくらいで、否定はしなかった。「え、どういうこと?」みたいな感じで返した。

金　結婚とか彼氏の有無とかについて聞かれた時は正直開示したい。でも雇われの身だから。自分が言いたいからって言っていいのかとは思う。

佐藤　結局他の自己開示と同じで、住んでいる場所とか、別に意図がなければ伝えない。セクシュアリティを自己開示することがクライエントにとってセラピューティックに働くだろうとか、そういうシーンに遭遇したことが今のところない。

金　単純に自分が自分としていられるために言いたい、というのもあるんだよね。嘘つくのも嫌だし。でもやっぱりだめかなというのがあって。

小林　純粋性で言っていくっていう気持ちもあるけど、やったことはないかな。開示はクライエントが当事者の時に限る。「言った方が面倒くさくないかな」みたいな感じで開示したことはない。

金　「ホモ」という言葉を使う非当事者の学生と話していた時は、自分のセクシュアリティを伝えて注意したかったけど言えなかった。

小林　僕もそういう経験はある。でもそこで心理教育みたいな感じはしなかった。強いて言うなら、自分自身が同じ言葉を使わない。「ゲイの友達ですか?」みたいに言う。

〈同じセクシュアリティのクライエントが来た場合どうするか〉

小林　当事者のクライエントに自分の当事者性がばれたことがあり、でも自分の不注意でばれてしまったわけではなかったし、別に知られる可能性もあると思っていたから、そんなに動揺はしなかった。カミングアウトした方が話せる話題は増えるし、セクシュアリティについてなら親身になって話をしやすい。ただ、ＬＧＢＴって数が少ないから、「理解者を見つけた!」っていう感じでグイってこられると、陽性感情が強くなりすぎちゃうんじゃないかという不安はある。別にそんなに怖い思いはしたことないけど、多重関係が怖いよね。

金　1回目でいきなりは言わず、何回かやっていく中で本当に必要であれば言いたいなと思っている。でも正直に言いたいという気持ちとは矛盾して、パッと話せたためしはないかな。当事者のクライエントに自分も当事者だと話していないから、最初から「このカウンセラーはどうせわからない」という前提で始まったケースがあった。少なくとも共通点はあるのに言えず、悶々とした。クライエントがＬＧＢＴの話をした時に、自分の話を知り合いの話であるかのように話すというのをよくやってる。「仲のいいバイセクシュアル女性の友達がいる」と話して様子を探る。

佐藤　当事者のクライエントに会ったことは、自分が把握する限りは多分ない。確率的には接しててもおかしくはないけど、話題に出てきたことは今のところない。小林さんと同じような危惧はあるので、開示については慎重に考えた方がいいんだろうなと思う。この質問がくるまで、自分は聞かれたら同僚にもクライエントにも「隠す理由もないかな」くらいのスタンスでいたつもりだったんですけど、そうじゃないかも。

金　私も、自由にしているつもりでも制限かけている。

〔集団における性の話題〕

佐藤　居場所支援みたいな集団の場での援助って、雑談とか日常の会話に近い形が多い。前にとある歌手の話でオネエ的な揶揄《やゆ》をするような雰囲気になった時、ポジティブな方向でちょっと修正をした。何か発言に引っかかった時に、ガッツリ修正はできなくても「こういう見方をしている人もいます」とか「それを笑い物にする流れに乗りませんよ」みたいなことをやんわり伝える。

金　心理職や看護師とかが集まって雑談をする時にも、そういう話が出ることはある。揶揄する流れを一回自分が切るっていうのはよくやる。

小林　その話を聞いている人が、実は傷ついている場合もあるかもしれない。「男がこういうのやるの変だよね」とかいう話になった時は、「別に男でもいいんじゃない」とか話して微修正を加える。そういうのは集団だとやりやすいかもしれない。

●同僚に対する意識・対応

〈同僚に自分のセクシュアリティを開示するか〉

小林　ばれてたり、匂わせたりしたから知っている人はいるかも。でも明言したことはないし、彼女の有無は「いない」で通している。別にそこで「彼氏です」とか「ゲイです」とも言っていない。

佐藤　自分も今のところしていない。これまで自分が関わってきた職場は、プライベートに関して特に聞かれない環境が多かった。聞かれたら相手によっては開示するのかもしれないけれど、その機会がないまま過ごしている。踏み入ってこない感じは自分はちょうどいいし、ありがたい。

金　ひとりで働く職場が多いから基本的に言わないんだけど、昔の職場では上司も他の心理の先生も知っていた。新しい職場に入って自分から話そうと思って話したことはない。別に私は隠したい感じではないんで、恋愛話とか普通にしゃべりたいなと思うけど、聞かれていないし、いきなり言われても迷惑だろうなって思って言わなかった。

小林　別に開示しなくていいのかな。仲良くなりたくてカミングアウトするところがあるから。職場の人とプライベートで遊ぼうとも思わない。

金　仕事外の話になっちゃうからね。職場の人とプライベートな話はあんまりしたくないのかな。常勤だったらしゃべるかな、別に非常勤で働く場で話したくはないのかも。

佐藤　確かに常勤か非常勤かでコミット感や所属感が全然違うから、自分のセクシュアリティに関するスタンスも変わってくる。自分は今まで非常勤でしか働いていないから、言わなくていいかなっていうスタンスになっているのかも。

金　常勤になってくると、福利厚生とかいろいろあるから、もう面倒くさいのよね、いちいち。それもあって言っちゃうのかもね。

小林　「ゲイなの？」って聞かれたら嘘つく理由もないし、「そうですよ」って言うと思うんだけど、もし同僚の中に、僕の当事者性を知っている人と知らない人が混在した場合、知ってる人に気を遣わせちゃうんじゃないか、とは思う。

〈同僚との間で困ったこと〉

小林　クライエントに自分の当事者性に気づかれて、やんわり自己開示したとき、そのことについて同僚と共有されうる記録をどう書くか。同僚に相談するにしても自分の当事者性を説明しないといけないし。

佐藤　同僚が「ホモ」とか言っていたり、古典的な男女観が前提になってる発言を聞いた時、一当事者―心理職として「それは良くないですよ」って伝えたい気持ちはある。だけど、そこで言えずに流れてしまう。そこで適切なタイミングで言えなかった自分に対してももどかしいし、「心理士としてその物言いはどうなんだ」という同僚に対する陰性感情も募ってしまう。せっかく当事者性を持って心理士をやっている以上、そういうアンテナを張って反応できた方がいいという信念がきっとあるんだけど、その信念に沿って動けないことがけっこうある。

金　同僚に対して自分のセクシュアリティを言ってなかった時に、恋愛話になって「記念日でサプライズがしたい」という話をしたら、「記念日なのになんで金さんがやるの？」みたいなことを言われた。付き合っているのが彼氏だとはっきり言ったことはないのに、「私が付き合ってるのは男だろう」「記念日とかは男性がサプライズをやるもの」という固定観念があって。突っ込みどころ満載すぎると思ったけど、そこでは堪えて「私は自分でやってあげるのが好きだからやるんだよね」と流した。けど、ちょっと不愉快だったかな。

●職場全体に対する意識・対応

〔就職活動で意識したこと〕

小林　自分がゲイとはっきり履歴書に書いたのはＬＧＢＴ相談の時だけ。他の職場では言及していない。ただＬＧＢＴ研究をしてるとか当事者サークルに属していたことは書いたし、面接でも言った。ＬＧＢＴ相談の時もはっきりとは言っていない。聞かれたら言おうかなという感じ。

佐藤　自分も、履歴書とか面接で自分のセクシュアリティに触れたことはない。ただ以前ＬＧＢＴ支援のＮＰＯで活動してたことを職歴で書いている。ＬＧＢＴに関する研究やっていましたという話も聞かれたらする。そういうやりとりで察する人はいるのかもと思う。

金　一般的に履歴書にはセクシュアリティを聞く項目はないし、職務経歴書もＬＧＢＴ関連の仕事をしていた経歴は今までなかった。ただ、ＬＧＢＴ相談の履歴書の志望動機には、はっきりＬＧＢＴ当事者であると書いた。面接の時に同じく研究のことを聞かれるから、答えて。ある意味、いろいろヒントは投げかける。はっきりは言わないけど、こういうの研究してました、みたいな。

小林　ＬＧＢＴ関係の仕事とかだったら、自己アピールとして自分が当事者であることとか、今まで支援とか研究に携わってたっていうことはもちろん書くし、それ以外の一般的な心理の領域だったら、普通に研究していたことを書いて、ことさら自分の当事者性とかは言わずかな。

〔ジェンダーの問題〕

小林　男女二元論的・異性愛前提的なものに対してはやっぱり疑問。女性は非力なもので男性は守るとか、重い荷物は男性が持つ、みたいな価値観のある職場だったら嫌だなって思う。あとは男性職員がお弁当作っていったりすると、「女子力高いね」とかは言われる。

金　「彼女が作ってくれたの？」とか、たまに行き過ぎるセリフを言われたりすることもあるよね。

佐藤　教育領域では、「男子だから」「女子だから」というのは良くも悪くもいろんなシーンで聞く。女子生徒だから女性カウンセラーの方がいいとか。基本的には本人に聞いて、本人が同性の方が話しやすいと言うのであれば、それはそれでいい。でも、教員と話していると「女子ならではの人間関係の面倒くさい感じが」とかいう言い回しがあったりする。それがケースの理解に一役買っているシーンもあれば、「ステレオタイプ的に見ちゃってない？」と思うことはよくある。ステレオタイプ的に見るにしても、そのことに大人側がもうちょっと自覚的になった方がいいと思う。

金　仕事で後任を探すときに条件を聞いたら「女子生徒が多いし相談に来るのも女性しかいないから、女性がいい」と言われて。女性が女性の話を一番わかるという考えはどこから来たのかと思った。もし同性の方が話しやすいのであれば、男子生徒がゼロってわけでもないし、大変な思いをしている男子生徒もいるのに。男性のカウンセラーを置かないから男子生徒が行きにくいと考えないんだろうかと思ったりもした。

小林　利用者の性差だったり、職員の性別バランスみたいなところを考えて、特定の性別の募集をかけるっていうのはあったりするよね。

佐藤　集団に対する支援でも、男女スタッフ1名ずつ入るのを基本の形にしようみたいなのがあって。「女性のスタッフがいてくれると安心」とかそういう声が利用者サイドから出ているのであれば、それを踏まえた配置をせざるを得ない。男子会・女子会みたいな企画をやったりして、それも自分的に思うところはあるけど、でもやっぱり需要はそれぞれある。

小林　同じ属性同士で集まったり同じ属性同士を当てたりのメリットもあるけど、別にそれをどうでもいいと思っている人とか逆な人もいたりするから、そういう可能性も頭の中にあるかどうか。そういうニーズが出てきたときに、柔軟に対応できるような形だったらいいなと思う。

金　あとは、性別による服装とか。交際・結婚・出産について男の面接官にいちいち聞かれてイラっと来た。女性はこういう人生を歩むだろうと決めつけて、それを前提に話されることは結構ある。頭にくるけど、その時はもう「予定はないです、大丈夫です」としか言えなかった。

〈働きやすい職場を見つけるにはどうすればよいか〉

佐藤　面接の場で感じた違和感は、その後も嘘つかないなと思う。面接のときに引っかかる部分がある場所や人っていうのは、その後も何かしら引っかかる、というのが僕の個人的な体験。そういう自分の野性的な勘というか心理職としての審美眼を使って感じたマイナス要素は、流さないで拾ったほうがいいんだろうなって思う。

小林　金さんにとっては面接の時点でいろいろ聞かれたわけじゃん。で、入ってみて居心地はどうだったの？

金　悪かったよ（笑）。仕事で学んだことはいっぱいあるけど、それと同じくらい心身はぼろぼろだった。最近思うのは、とりあえずいろんなテーマに関する研修をやってくれるところは働きやすい環境になるんじゃないかなと。うつとか発達障害とか決められたテーマ以外にももっと幅広く。

小林　そういう意味だったら、福利厚生がちゃんとしているところ。イコール、ひとりひとりの従業員を大事にしている気はするから、そういうのは大事かな。

金　トップの人が勉強したいという欲求が高い人がいいと思うんだよね。

佐藤　心理士って他の職種よりは面接でトップが出てきて会える可能性は高いのかなと思うから、トップの人と職場の雰囲気を多少感じた状態で入りやすいかも。心理職の人って，十分かどうかは別にして，多様性に対して開かれているべきという前提が一応あるじゃないですか。自分にはどういう偏見があるんだろうという意識を持っている人が一定数いると思うし。差別とか偏見を表明することに抵抗がある人が一般よりは多いかなと思う。真っ当な人権の感覚を持っている人が，社会全体の平均よりは多いんだろうなと。そういう意味ではそもそも心理職の現場っていうのはLGBT当事者にとって働きやすいんじゃないかなって，ある程度は思う。

小林　あと，カンファがある職場。カンファがあると，本当に風通しがよくなる。

佐藤　月に1回でも職場内のカンファがあると，かなり足並みが揃う。それぞれの立場で持っている情報にばらつきがあるから，気を付けておきたい事案に関してはそこで持ち寄って進捗や状況を共有してる。

●LGBT当事者かつ心理職としてのライフ〔私生活をどのくらい制限・自由にしているか〕

小林　今は出会いのためのアプリをやっていて，自分の顔も出している。パレードに行ったり，ウェブ媒体に映ったりもしていた。だから，わりと制限をしていない方かな。SNSは鍵をかけている。でもこのあいだ申請が来ちゃった。申請を送る時点で僕のトップ画像がレインボーな感じになってるから，それで分かっちゃったりするのかなっていう気もするけど，そんなにそこも制限をかけていない。

佐藤　僕もわりと自由にやっているかも。SNSもやるし，コロナ前はイベントとかも友達に誘われたら行っていた。私生活を制限したくないがために，心理職としてLGBT支援にあまりコミットせず，別の領域で臨床をするっていうバランスの取り方をしている。何年か前にLGBT領域で働くかもという話があったときに，心理士さんに「自分のゲイとしてのプライベートは制限せざるを得ない」と言われて，わりと嫌だなあって思って（笑）。いちゲイとしての楽しみを重視して，心理臨床の現場を別で確保する。

金　自由に過ごせているつもりだけど、自分の中で知らぬ間に制限をかけていた。アプリを今は使ってない。前使っていた時も自分の顔を載せるということはなかった。あとはSNSでは本名を使わないとか。レインボー・プライドとかは行くけど、あれは非当事者の人も来るから、ばれたところで「支持してる」と言えばいい。でもデートの時に、恋人同士のスキンシップを取っているのを見られることもあると思うから、周りを気にしたりはする。

小林　心理職は全体的にそういう個人の活動ってしにくい領域かもしれない。でも、やっぱりオンラインじゃないと当事者同士出会えない部分があるじゃん。だから他の心理職の人よりかはやってるのかもしれないね。

金　非当事者の心理職の人が他の人とワイワイしている場面を見られても「そういう時もあるよね」って流せるかもしれないけど、「うちのカウンセラーの先生ってレズビアン、ゲイだったんだ」っていうのは受け入れ方がちょっと違ったりするのかな。

〔オンラインに自分の情報がある／オンラインで自分を表現する不安〕

小林　ウェブ上の情報を見て、ＬＧＢＴの専門性を知って来る人もいたので、自分の仕事につながるっていう利点がある。でもオンラインに情報があるということで、自分が意図せず知られちゃうというデメリットもある。研究のことに関してはフルネームで調べたら出ちゃう。

金　ただ単純に調べられるのがちょっと怖い。ばれた事項の中に自分のセクシュアリティが入っていると不愉快かな。利点はあんまりないかな、臨床に関しては。

佐藤　自分も利点はそんなに感じない。情報があることの不安っていうのは、他の臨床の人もわりと同じ体験してるのかなって思って。心理職としてやっている人って、名前調べたら研究テーマが出ちゃう人ってわりといるじゃないですか。自分も調べられると研究テーマとか所属が出てきちゃう。でもそれはＬＧＢＴ領域だけでなく、心理職としてよくある不安として認識している。

金　心理職でLGBT当事者で同性パートナーと一緒にSNSで発信している人がいたんだけど、心理職のいろんなルールってあるじゃん。そういうことが自分にできるのかと言われるとそんな勇気はない。専門職として、自分のプライベートな情報を発信することはリスキー。でもうらやましい気持ちもあった。例えば異性愛者の場合、「私たち結婚してここにいます」っていうのは何とも思われないことで、LGBT当事者の「パートナーいます」も同じ話なのに、違う形で受け取られる。

小林　僕はパートナーとの写真がウェブ媒体に載っていて、見る人が見れば分かる。良い体験ではあったんだよね、そういうのに顔が出せるというか。見てもらえる。

金　わかる、私もその写真ひとりでも撮ってもらいたかったんだけど、結局勇気がなくて。

小林　ひとつの自己表現にはなるよね、オンラインに出すっていうのが。

金　嫌だなあ、知らないうちに制限をかけている自分がまたいたよ。

〔当事者かつ心理職の仲間がいる恩恵〕

小林　臨床で行き詰まった時。セクシュアリティに関することであればわかるし、セクシュアリティに関係ないことでも友達だから話せる。当事者性という共通点があることによって、自分の素を出している部分が増えるから、信頼できる度合いが上がって相談しやすくなっている。

金　そもそもプライベートの話を気楽にできる場所っていうのがない。他にもセクシュアリティ関係でつながりはあるけど、そんな具体的に話せないこともいっぱいある。だからこの3人だったら臨床的な話もできるしプライベートな話もできる、一番最初に伝える相手みたいな。

佐藤　セクシュアリティと心理職両方共通していると、何話しても大丈夫というか。心理職の人に対しては、カミングアウトしていない相手も多いから、プライベートなことに関してそこまで話さない。逆にゲイの友達に対して、あまり仕事の話はしないようにしている。こっちでは仕事の話ができなくって、こっちではプライベートの話ができないっていう状態。ここではどっちの話をしても大丈夫、どの側面の自分を出しても大丈夫、みたいな安心感はある。

金　あとはそもそも貴重。こういう人たちって今まで会ったことない。希少性があって、特に話をしなくてもいるだけでかなり力にはなるかな。

佐藤　心理職の同僚に対してプライベートな話ができないのは、自分はもう割り切っている。そこはそんなに負担に感じないんだけど、ゲイの友達に対して自分の仕事の話ができない、しない方がいいと思っていることがしんどくなることがある。愚痴りたい時もあるし、すごく仲がいいんだけど仕事の話ができないという。今のパートナーにも基本的には仕事の話はしないので、仕事で行き詰まったり困ったりした時に、この関係性があるかないかで自分の追い詰められ具合が相当違ってくるんだろうなと思う。

金　しかも具体的に話さなくてもみんな察してくれる（佐藤：なるほどってなるのが早い）。うん、すごい楽。素でいられる。

小林　ある意味、他の臨床の人よりもよいコミュニティを持っていると思う。二つのマイノリティを両方網羅しているような感覚かな。

金　非当事者の場合は、結婚・出産・育児などどうしてもそういうのがあるからずれちゃうところがあるけど、このメンバーはこの先も似たようなライフスタイルで生きていくだろうっていうのもある。

小林　ライフスタイルはあるかもね、ゲイ同士で金銭感覚のギャップを感じる。働き方も、正規雇用でオフィスで働いてる人とはちょっと違うと思うから、ライフが同じ感じなのもいいかもしれないね。まとめると、ライフもワークも両方相談できる。

●LGBT当事者かつ心理職としてのワーク
〔LGBTであることが活きている場面、そしてできることは何か〕

小林　ジェンダーとかに対する敏感さ？　他の人が持っていない視点を持っている。

金　ジェンダーだけじゃなくて、いわゆるマイノリティに関してはだいぶ頭が柔らかいと思うし、言葉も気をつかっている。たまにそれが自分の中でストレスになる時もあるけど。でもそれはものすごく活かされている気がする。

佐藤　自分がマイノリティじゃなかったら、そのアンテナの感度はもう少し鈍かっただろうなと思う。完全にできているわけではないにせよ、自分の偏見に自覚的であろうとする意識は自分のマイノリティ性から来ているんだろうなと思う。

小林　ＬＧＢＴ当事者の心理職がもっとやっていける仕事について思ったのは、ＬＧＢＴに特化したカウンセリングルームとか。

金　ＬＧＢＴに特化しているのもいいけど、そうするとアウティングが理由でアクセスしづらい部分があるかな。

佐藤　もう少し包括的な相談機関の方が行きやすいかも。

金　ＬＧＢＴだったら私たちが入るし、外国人だったら私はそこに関われるし、いろんな援助者を集めて活かす方法はあるかな。あとは、心理職に対する教育はできるかもしれない。

小林　以前僕と金さんで登壇したセミナーで、当事者かつ心理職という立場で話す、ほかの心理援助職の人に知ってもらうという機会はすごく良かったと思う。

金　著名な先生方の講演もいいと思うけど、当事者からの話を援助職が聞く場。セミナーのフィードバックを読んだけど、やっぱりすごい良くて。ただ私たちのライフストーリーを聴くだけで、ここまでの気づきがあるのであれば、それってものすごく良いこと。

小林　「こういう感じなんだ」というのを、教科書的なものではなく、実在している人として知ってもらえるといいのかなって思う。

金　非当事者の援助職も、どうすればいいのかというハードルが下がったと思うんだよね。難しく専門的なことを知れということじゃなくて、友達を作ることでいいと思ってもらえたり。

小林　そんなにセクシュアリティとかＬＧＢＴとかにこだわらなくて、心理職として教わったことを丁寧にやっていけば別に下手なことはないと思う。っていうことを当事者から伝えられるといいのかなっていう気がする。

佐藤　ＬＧＢＴの心理職がもっとやっていける仕事っていうのは、意外と内向きな話もあるのかもしれないですね。援助職に対する教育啓蒙みたいな。

金　あとはここの3人は運よくつながったけど、つながらなかった当事者の心理職にも、「ひとりじゃないんだよ」というのを間接的にでも伝えられると、ピア的な援助ができるかもしれない。

3　座談会を終えて

普段から日々思っていることを言い合っている関係性ではあるが、いざ座談会という形でテーマを決めて話してみると、意外と気づいていない点もあったように思う。ＬＧＢＴ当事者としてのライフに関してはそこまで制限を加えていない一方で、ワークにおける当事者性の開示に関しては知らず知らずのうちに制限をかけていた。日々の臨床活動の中でできることは多くないかもしれないが、ちょっとした言葉使いに違和感を覚えるのと同様に、ちょっとした言葉使いで理解や配慮を表現することもできる可能性も見出せた。そういう配慮ができる職場や関係性というのは、ＬＧＢＴとしての私たちが居心地が良いだけでなく、広くさまざまな人にとって居心地の良いものになるのではないか。

最後に，私たちのような心理職＋αの共通点をもつコミュニティや仲間は，非常にサポーティブでエンパワメントされるものであることを再確認できた。特に若手の心理職の方々が，意識してそのような場を見つけていけると良いのではないかと思う。

Q&A

心理職を志す学生が若手の先輩に聞きたいこと

Q1　心理士を目指そうと思ったきっかけは何ですか。

パキスタンから中国に抜けるクンジュラブ峠の国境の町ススト。雪で道路が閉ざされ、宿場で数日間の足止め。その地で、革ジャンのバイク集団と出会いました。集団を率いるボスは、朗らかな人でした。一緒に食事をし、大学で心理学を専攻していると伝えました。ボスは大声を放ちました。〝オー！　デンジャラス‼〟数ヶ月にわたる貧乏旅行に飽き飽きしていた当時の自分はこう思いました。「日本に戻ったら心理学を極めてやろう」。

（伊藤正哉）

将来の方向性を考え始めた大学3年生でキャリアフォーラムに参加した際、とある企業の説明会でうたた寝をしてしまい、やっぱり「大学で学んだ心理学を活かして、人を笑顔にする仕事がしたい！」と強く感じました。人が好きで、心理学を学ぶのが楽しくて、そして、ぼんやりとではあっても社会に笑顔を増やしたいと思っていたため、それらすべてを同時にかなえられる職業が心理士だと確信し、大学院進学を決めました。

（鈴木華子）

高校生の時、サヴァン症候群であり、アスペルガー障害であるダニエル・タメットさんの著書『ぼくには数字が風景に見える』を読んで、脳科学や心理学に興味を持つようになり、大学で心理学を学びたいと思うようになりました。幼い頃は学校の教員になりたいと思っていましたが、心理学を学ぶ中で、もっと個別に子どもに関わる仕事がしたいと思うようになり、スクールカウンセラーを目指して、臨床心理士養成課程の大学院に進学しました。

（富尾和世）

哲学の中の認識論と呼ばれる分野を勉強し始めたことがきっかけです。当初は、カントやヘーゲル、三浦つとむや南郷継正などの哲学者が、人間の認識についてどのように説いているかを勉強すれば認識について理解できると考えていました。ところが、それだけでは不可能であり、実際に生の認識に数多く触れ合うことをしなければ、人間の認識は真には理解できないと思い至りました。そこで、生の認識に数多く触れ合えるであろう「こころの専門家」である心理士を目指すことにしました。

（若井貴史）

私は前職が病棟で勤務する看護師でした。危機に直面している患者さんや御家族と接している中で、身体のケアだけでなく心理的なケアを学びたいと思いました。身体の傷が治癒したとしても気持ちはどのように癒やされていくのか疑問を感じていました。看護業務の中でも、共感や傾聴が大切であることを学びますが限られています。当時の私は勤務時間関係なく患者さんの話を長く聞くことが傾聴だと思い込んでいました。臨床心理学を学ぶことでより看護をしやすくなり看護が楽しくなったことを覚えています。

（牧野みゆき）

Q2　自分の専門をいつ頃、どうやって見つけましたか。

将来が描けずにいた頃に、生き急いで可能性を狭めるよりも、社会で起こっていることを目で見て肌で感じて探求していくことを諭され、肩の力がフッと抜けました。それ以来、カウンセラーの発達と訓練、精神医療、感情調整や心理療法研究に携わる中で、クライエントや御家族、心理士、多職種の専門家など様々な人と出会い、専門の芽を育てていただきました。持てる術を駆使して社会にお返しできるよう、そして心理支援がより良いものとなるよう、探求は続いています。

（山口慶子）

大学1回生の頃に偶然学内で見かけて参加したボランティア活動が子どもや障碍の領域に関心を持った最初

のきっかけでした。けれども、大学院で担当したケースや、その他に経験したボランティア活動や非常勤心理士の業務、そして現在の職場など、さまざまな臨床現場での偶然の出会いのすべてが、今振り返ると私の専門を広げたり掘り下げたりしてくれたように感じます。勇気を出して外の世界に一歩踏み出して試行錯誤し続けることが、これまでも、そしてこれからも私の専門性を少しずつ形作っていくのだと信じています。（榊原久直）

大学の時は、自己認知に興味を持って、認知心理学のゼミに所属していましたが、大学院では、臨床心理士を目指して、認知行動療法を主とするゼミに所属しました。修士1年の2月半ば、大学院の指導教員から、時間のある人は行くようにと言われて、裁判所の業務説明会に参加したことがきっかけで、家裁調査官を目指すようになりました。その頃の自分は、心理職の募集時期は遅いと思い込み、全く職探しをしていなかったので、指導教員の一言がなければ、家裁調査官を知らないままだったと思います。（富尾和世）

自分の専門はまだ確たるものがないのかもしれません。やっていくうちに、専門家らしくなってくるといった形でやってきたので、それぞれの場で求められることや自分のやってきたことが、専門性になっていたような気がしています。ひとつの専門性を持って極めていく姿にあこがれはあるのですが、結構ふらふらとやってきたので、まだ見つけられていないような気もしています。（藤野陽生）

「子ども臨床」という専門は、臨床心理士を目指した中学3年生の頃から変わっていません。キンダーカウンセリングを専門にしようと思ったのは、学部4回生で幼稚園に行き始めた頃です。それ以前にいろいろな領域で実習やボランティアをしていたため、早期支援の必要性と可能性を実感できたのだと思います。いろいろな臨床現場に入る中で見えてくると思います。私もその後、小児科クリニックでの臨床をもうひとつの専門にしようと奮闘中です。

（原口喜充）

Q３　実際、心理士になって学生時代に学べなかったことで、新たに学んだことは何ですか。

クライエントの困りごとやニーズは人によって様々です。その方の日々の暮らしや歩んできた人生をありありと想像しながら、必要な支援について多職種で話し合う大切さをたくさん学びました。また、臨床スキルの基礎を身につけたあともコツコツ磨いていける環境に身を置くことに尽きると気づきました。更に、どうしてもしんどくなるときもあるので、ひとりで抱え込まずに仲間と癒やしの工夫を語り合っています。

（山口慶子）

コンサルテーション、連携、法律、身体疾患、薬剤に関することは学ぶ機会が少なかったです。また、アセスメントや心理療法の基本的なことでも、知っていることと「できる」ことは違うということを現場に出て痛感しました。実際の現場で固まったり、時には失敗しながら、いろいろな人に教えてもらいながら、少しずつ知識と実践をつなげていったように思います。

（上野まどか）

厳密には新たに学んだことではないと思いますが、生涯学習の大切さを心理士になって改めて実感しています。学生時代に生涯学習の方法論は学びますが、意味ある学習を続けていくのは容易ではないように思います。また、資格更新のために、ただ漫然と学習することもできると思いますが、それではあまり意味がないとも思います。今の自分にとって必要なものは何かなど、方向性を持って主体的に動かなければ、現場で役立つような価値ある学習はできないという印象があります。

（雲財　啓）

学生時代はどうしても障害や疾病に関する専門知識の習得がメインになりがちですが、クライエントに会って初めて気づくこともたくさんあると思います。同じ障害や疾病であってもクライエントによっては困難とニーズが異なっているので、クライエントの方々から学校では得られないことを多く学んでいます。また、心理士として働いていると自分の限界に直面したり、つらくなることも多々ありました。周りの心理職仲間や他の専門家の方々と働く中で、対処の仕方であったり、自分の力に変えていく方法なども学べた気がします。

（金　智慧）

学生時代はほぼ一対一のカウンセリングを実習してきたので、集団での支援の仕方は実際に仕事を始めてから経験を積めた。個別相談と集団支援が同一機関で実施され、スタッフ同士の連携が取れると援助やアセスメントのバリエーションが増えて、より効果的な援助が可能になると感じた。また、自宅への訪問相談、地域内での他機関連携の仕方、休職から復職に至るまでのプロセスや援助資源の使い方なども、実際に仕事をしていく中で学んだことである。

（小林良介）

Q4　仕事を辞めたいと思ったことはありますか。また、そこで踏みとどまった理由を教えてください。

「疲れたな」、「つらいな」と思う時には、辞めてみたらどうなるかと考えてみることはあります。ただ、この仕事を辞めてまでやりたい、やってみようと思えることは見つかっていないです。ケースと向き合って色々な刺激を受けていくうちに、やはりやりがいのある仕事だと思うようになっていたこともあります。疲れた時はしっかり休息をとるようにしています。カウンセラーとしての成長に伸び悩むときもあるので、そういう時は、研修やスーパーヴィジョン、仲間、家族と話すなどして、何が必要なのかを考えてできることをやろうとしています。

（上野まどか）

帰宅して山積みの洗うべきお皿を見ると、家で猫を撫でているだけで五億円もらえる求人はないものかと思う瞬間はあります。辞めない理由は、やりがいや責任感でもありますが、雇用主からお金を払ってもいいと思う程度に信頼されているという事実それ自体がしみじみとありがたいです。また、働いてお金がもらえると、汚れたお皿を洗う食器洗い機や猫のご飯が買えるのもいいですね。

（船戸みずほ）

開業してからは何度も思っている。責任と借金が重いためである。踏みとどまったのは、この仕事は簡単に辞めることができないことと、家族を含めた将来の安定した生活のために、その道にしか活路が見えなかったためである。筆者は自身が大きな組織の中で、与えられた仕事をこなすだけでは満足できない性分であることをわかってしまったので、開業を選んだ。これを許してくれた妻や応援してくれる方の存在も大きい。

（中原元気）

「辞めたい」と思ったことはないですが、「つらい」と思うことはあります。その状況は主にふたつあるように思います。ひとつは自分自身のスキルや知識不足を痛感する時、もうひとつはクライエントに対し情緒的に共感している時だと思います。前者については自己研鑽やスーパーヴィジョンを、後者についてもやはりスーパーヴィジョンや教育分析、日々の同僚との対話で「つらい」と思う理由や意味がわかり、更にクライエントや自分自身への理解が深まり、次に進むきっかけになっていると思います。

（牧野みゆき）

辞めたいと思ったことはないが、ずっと続けていけるかどうか考えてしまう時はある。体力的にも精神的にも楽な仕事ではない。非常勤の組み合わせの働き方が多いので、福利厚生面の不十分さや確定申告などの手間、資格更新や研修参加にかかる費用の自己負担などのデメリットもある。一方で、多様な人の人生に触れられる仕事であり、目の前の生身の人間を直接援助できるやりがいはあるし、幸い同僚の心理援助職との関係も良好で、大学院時代からのつながりにも支えられているので、続けられている。

（小林良介）

Q5　カウンセリングを行う上で、一番大切にしていること、心がけていることは何ですか。

クライエントを〝愛おしい〟と思えるような見立て（色眼鏡？）を構築することです。本人や御家族、そしてセラピストにとって、一見したところ厄介に感じられるような症状や言動も、人生の中で自分自身やその人にとって大切な誰かのこころを守るために身に着けた努力の仕方だったりします。それはその人の大切なこころの一部そのものであり、努力の結晶と呼べるものかもしれません。そう思いながら、そんな一部も愛おしく受け止めつつ、新しい努力の仕方を一緒に探すお手伝いをすることがカウンセリングだと思っています。（榊原久直）

性格はその人の歴史そのものだと思ってみるようにしています。今この瞬間の反応は場当たり的なものでなく、これまでの人生で降りかかったものや、その中で培われた生存戦略、それら全てから出力されているという時もあることでしょう。その人らしさが凝縮された言動に出会うと、露出した地層を前にした時のように感じ入ることしばしばです。（舩戸みずほ）

支援者として関心を寄せてクライエントに誠実に向き合おうと努力することです。その方の何を引き受けて何を引き受けることができないかといったことを意識しながら関係を作っていこうと意識していると思います。うまくいっていない時には、このようなことが十分できていなかったりするので、これらのことを改めて意識したり、振り返る機会を作ることを大切にしています。（藤野陽生）

一回のカウンセリングで一度はクライエントに笑顔になっていただくことです。尊敬する先輩から「クライエントの中には、カウンセリングくらいでしか笑うことができないほどつらい生活を送っておられる方がいる」と聴いて以来、自然と笑っていただけるようなカウンセリングを心がけています。また、うまくいかないことの原因を、クライエントではなく自分に帰属させる、ということも心がけています。そうしないと心理士としての成長はないと考えています。（若井貴史）

カウンセリングに限った話ではないのですが、「生徒や教師に伝わる言葉で話すこと」です。心理学的な専門用語はできるだけ避け、平易な表現を用いるように意識しています。スクールカウンセラーの業務は教員から見えない場所で行われることが多く、ただでさえ不透明な存在です。話がわかりづらいと思われてしまっては仕事になりません。生徒とのカウンセリングにおいても、彼らのボキャブラリーに合わせて語彙を意識的に調整しています。（佐藤遊馬）

Q6　心理職ならではの役割とは何だと思いますか。

心理職のやっていることは、見かけ上は誰にでもできることのような気がします。強いて言えば、人の気持ちを理解して寄り添う、という誰にでもできそうなことを「追求し続ける」ことかなと思いました。多職種、多機関と連携する場面では、支援を受ける人の気持ちを言葉にして伝えていくことが役割であると感じます。「効果的」な支援も、御本人の気持ちとかみ合わないとうまくいかなくなります。心理職は、支援と気持ちの間をつなぐことができます。（原口喜充）

この問いに答えるのは甚だ僭越であるが、見立てができることだと思っている。対人援助場面でのあらゆる対応が、見立てに依拠してなされるものならば、その見立てを行う心理士の役割は非常に大きいと考えられる。そのように考えると心理士が役割を果たすことができる職務領域はまだまだあるのかもしれない。（中原元気）

他職種との調整役などいろいろなものがあると思いますが、支援対象者の心理に関わる事象を伝えることが、そのひとつだと感じます。自分ひとりですべての業務を行うなら別ですが、どの領域で働くにしても、心理以外を背景に持つ方々と共に対象者を支援することが一般的な業務だと思います。気持ちや考えなど、こころに関することは誰もが自分の経験を振り返って話がしやすいものです。その中で、専門的な知見が支援に役立つように他職種へ伝えていくことは大切な役割ではないでしょうか。

（雲財　啓）

スクールカウンセラーをしているので、教員との立場の違いは常に意識しています。教員ではない大人が関わることで生徒の考えの幅を広げるお手伝いをしたり、理解してもらいづらい生徒の言葉を教師に伝わりやすい形にまとめて間を取り持ったり……。そのような、潤滑油としての第三者的役割を全うするために立ち回っているように思います。生徒への心理面接はもちろん、教員へのコンサルテーションも同じレベルで重要なのだと感じる毎日です。

（佐藤遊馬）

心理職ならではの役割は、「橋渡し」ではないかと考えます。橋渡しの対象は、多岐にわたります。例えば、クライエントと自分自身との関係性やクライエント－家族・友人・知人などの場合もあれば、クライエント－他の専門家、専門家－専門家などなど。心理職は、離れている、つながりが途絶えて問題が発生している様々な関係性に介入して、より好ましい関係性や状況になるように促すことを得意にしていると思います。

（金　智慧）

今読みたい、
おすすめの一冊

●安宅和人（2010）『イシューからはじめよ――知的生産の「シンプルな本質」』英治出版

人間のこころにまつわる問題は、曖昧で、多岐多様です。問題が山積して、一体何が本質的な問題なのか、わからなくなることはないでしょうか。本書は、問題や重要事項（イシュー）をいかに研ぎ澄まして理解するか、そのヒントを与えてくれます。同著者による『シン・ニホン AI×データ時代における日本の再生と人材育成』（NewsPicks、2020）も、来るべき将来に向けての心理職の役割を考える上で、示唆を与えてくれます。

（伊藤正哉）

●アーヴィン・ヤーロム（2007）岩田真理訳『ヤーロムの心理療法講義――カウンセリングの心を学ぶ85講』白揚社〔Irvin D. Yalom (2002). *The Gift of Therapy: An Open Letter to a New Generation of Therapists and Their Patients*. Harper〕

初心者セラピストのためのカウンセリング秘訣集です。「今、ここ」の関わり合い、日々のカウンセリングで起こる問題や関心事、セラピストであることのリスクや恩恵について、著者が臨床経験に基づいて綴っています。本書をきっかけに、ひとりひとりの読者が、それぞれの臨床現場に当てはめたり創造的に応用していったりする際の参考になるでしょう。多様な事例が登場しますので、ひとつひとつの物語としても読めるでしょう。

（山口慶子）

●吉沢伸一・松本拓真・小笠原貴史編著（2021）『子どもの精神分析的セラピストになること——実践と訓練をめぐる情動経験の物語』金剛出版

セラピストとして、こころに傷を受けた人たちの言葉にならない声に耳を傾け、目に見えないものを見ていく力を養っていく。そんなセラピストとしての成長や、それを支える臨床家としての情熱ややりがい、信念とは何なのだろうか。中堅世代の臨床家らが自らの体験を振り返り、ベテラン世代が更に論考を返すという形式で、心理臨床家としての成長が生の声で綴られている。「セラピストになること」の前提にある「自分自身になること」について考える契機を与えてくれる一冊である。

（榊原久直）

むすびに

鶴　光代（淑徳大学）

本書は14章にわたる著述と10編のコラムから成り立っている。30歳代から40歳前後の心理職者26名によって〝仕事と私生活〟が率直に生き生きとした形で表出されており、非常に読み応えがある。

心理職者は相談対象者の私《わたし》の部分に触れることが多いのであるが、本書ではそのご本人が自身の私《わたし》を、〝ワーク・ライフ・バランス〟の視点から語っている。なかには、そこまで言っていいものかという思いを抱きながらも語らずにはいられないという心情がうかがえる。それほどに、仕事と私生活とのよりよきバランスは容易ではない。だからといって、嘆くだけではなく仕事と生活を見直し、工夫し、挑戦し、周囲を巻き込んで自分独自のバランスをとっていく。そのプロセスでは葛藤し、もがくことがあるが、若手ならではの思い切った選択でそれぞれに見事に乗り切っていく。そこには、関係者への感謝の念が表わされている。

なかでも素晴らしく強烈に拍手を送ったのは、夫婦の一方が充実したワーク生活を送っているのを傍目に見ながら、もう一方はふたり目の子どもを授かり退職せざるをえなかったその私《わたし》の憤りのエネルギーの行方である。「この憤りをどこかにぶつけてやる！」と思い、仕事を失って得られた自由な時間に論文を執筆したという。2本の論文を書き上げ投稿し、採択され、掲載されたのである。

本著は、本音がいい具合にというか、赤裸々にというか、表出されているのが特徴である。生きて生活するなかにワークがあるのか、働かねば食えないのでワークがあるのかは区別しがたいが、小見出しに「切実なお金の問題」「金銭的関心」「勤務条件への不安」「収入の変遷と労働環境」「資産運用」「住宅ローン」といったものがあり見逃せない。お金のことはライフの上で必須のものだが、これがワークからもたらされているので、辛いところである。任期付き雇用や1年契約に傾いている働き方に我々の業界全体でもっと関心を持つべきであろう。「託児付きの研修会・学会は非常にありがたい」というフレーズには泣かされる。働きやすさ、活動しやすさ、研究・研修しやすさを少しでも支えられるよう努力したい。

話は変わるが、本書の出版のきっかけは、伊藤正哉さんが編集後記で述べているように、２０１９年開催の日本心理臨床学会第38回大会における〝若手の会〟企画シンポジウム「若手の心理臨床家にとってのワーク・ライフ・エンリッチメント」でのことであった。この若手の会は、心理臨床学会にて２０１８年2月に正式発足した。その年の第37回大会では、「心理臨床学における若手の挑戦と学び」と題してシンポジウムを開き、歴代の理事長がフロアから見守るなか、若手のキャリアアップとその難しさ、取り組み、挑戦の実際等が話題提供され、フロアとの活発な意見交換が行われ好評であった。

次の年のシンポジウム「ワーク・ライフ・エンリッチメント」は、仕事とプライベートが相互に作用し、質を高めあうということで格好はよかったが、演者の話は現実的で、キャリアや雇用問題のほか、仕事と結婚、出産、子育てといった若手の心理職者の生の問題意識があふれ出ていて新鮮で魅力的だった。この会場に福村出版の編集者だった松山由理子さんが参加していて、終わるや否や私のところに来て、いつもの説得力のある声で「このテーマで、本を出してはどうか」と言った。すぐに乗って、シンポジストの三人や若手の会の役員を紹介した。諸事情で、それから少し時が経ったが無事出版となった。出版を待たずに松山さんは旅立ったが、初校の段階で全篇に目を通されていたので、〝いい出来だ〟と思われたに違いない。上梓できたことが何よりの供養となると祈りたい。

編者あとがき

……最後に私自身と本書のこと……

伊藤正哉

小学校まで、のんきにほうけて、たのしいことに包まれていた。中学校くらいから、強制される学生服のように視界は暗くなっていって、孤独に気づくようになっていった。なぜかハンドボール部に入り、(当時のサッカー部やバスケ部に比べて) ダサいなあと思いつつ、厳しい練習に精を出しつつ、体育館裏のシュート練習で、神さまとこころの読み合いをしていた (「神さまのあなたに心は読めてないはずだ。読めているなら、それは〝読めている〟と言えないはずだ。なぜなら、おれはあなたにこころが読まれていると考えているからだ。いや、しかし、そう考えていることも、読まれていることか?」といった自問のループをしていた)。そして、なんだかつまらなく、生きることのよくわからなさを、考え続けていた。当時、死んだらそのまま天国に行けると教えられた。大人になっても、人生つまんないだろうと直感していた。だから、中学校の卒業式までには、なにかしら自然死をするものと思っていた (自殺はだめと言われていたので、病死や事故死のはずだと、都合よく決めつけていた)。

そんなあいだも、『それいけ!! ココロジー』というテレビ番組でいかがわしい心理テストを見て、面白がっていた。時々でてくる、〝無意識〟という言葉が、なにかすべてを理解させてくれそうな気がした。結局、死なずに生きていてしまって、高校に入ってしまっていた。新設された単位制の高校で、制服がなくて、比較的変な人たちが集まっていたのには、なにか安心できた。いままでとは違う友人ができ、かっこよさそうなテニス部に入るもずっと下手くそだった。しょっちゅう、横浜のどこかの町をフラフラと、一日中散策していた。『キテレツ大百科』の勉三さんに憧れていた。なので、深夜や早朝に起きて、夜中に受験勉強をしていると、勉三になれたような気がした。

大学で、無意識の面白さを学べるのかな、なんて思っていた。「心理学っちゅうんは、常識の学問じゃ。新しいことなんて、発見されんわ」といった動物心理学の牧野順四郎先生には、いまでも感謝している。心理学が、こころの不思議に応えるほんわかした学問ではないと教えてくれた。人と人がわかり合えるなんてことはない。中学くらいから、あわく期待をしていて、なにか真理にたどりつくんじゃないか、なんて思っていた。でも、違うんだ。心理学の科学的な基盤や系譜を学ぶにつれ、そう確信を持つようになった。なんて、つまらん学問なんだろう。

なげやりなまま、別の、心身障害学の授業で「人と人はわかり合えないんだ。だから、誰かを支えるなんて、不可能だ」といったような感想をかいた。翌週の授業、名川勝先生は、たいへん真剣にそれを受け止めてくれて、そして、こう言った。

「そこから、はじめられることもあるんじゃないかな」

そのときから、他人の置かれている文脈について、もう少しだけ想像して、その人とかかわるすべがないのか、もう少しだけ考えるようになった。

もともと大学受験に失敗して浪人するつもりだった。けど、そうならなかった。これはきっと、世界を遊んでまわれと言われてるんだろう、と解釈した。大学2年を終えて、1年休学し、3ヶ月、工場の夜勤でお金をためてから、バックパッカーの旅に出た。未知の土地で、見たこともない景色や文化や人々と触れるのに救われた。しかし、それも数ヶ月で飽きてきた。そんなとき、220ページに書いた出来事があった。

帰国してからは、心理学に打ち込んだ。覚悟が決まって、いくらでも学んだ。研究の手伝いを志願し、外山美樹先生の研究室に転がり込んだ。データ入力させてもらったり、フェスティンガーの古典に触れさせてもらったりした。卒論まがいの研究も勝手に始めて、一年早く、小玉正博先生に指導を懇願した。『打倒、自尊感情！』という、なんとも青臭いテーマを掲げ、自分らしくある感覚（Sense of Authenticity）の研究に励んだ。大学院でも打ち込んだ。楽しかった。切磋琢磨する仲間と夜中まで臨床の勉強会をした。研究室に残り、夜が明けるまで、研究者になったつもりで論文を読んでいた（そして、昼過ぎまで寝ていた）。親友たちと大きな一軒家に住み、騒いでいた。その頃、生涯の師のひとりである、堀越勝先生に出会った。

でも、さみしかった。彼女もおらず、むなしく、人生に葛藤し続けていた。なんでおれは生きているんだろうと、タバコを吸って、夜空を眺めて、眠れなかった。

山口直美先生のクリニックでたくさんのケースを担当させてもらうようになり、丁寧に指導してもらった。臨床ではできないことだらけだった。そもそも、なにができていて、なにができていないのかもよくわからなかった。日々、無力感が募り、拠り所のなさを感じていた。中釜洋子先生から受けた教育分析の初回は散々な内容で、なんとも身勝手に傷ついた（なお、その後に、かけがえのない体験ばかりをいただいた）。おもちゃ箱をひっくり返すように博士論文を楽しんだが、質問紙調査という方法論は、まがい物のように感じられた。真の臨床心理学をもとめて、心理療法プロセス研究を学びに、レスリー・グリーンバーグ先生のもとへと渡った。極寒のトロントのホテルに到着して、全身緊張しながら電話をして、受話器の先からグリーンバーグ先生の「よくきたね」というおだやかな声を聞いて、とても温かく、やさしく包まれた。

その後も、とびきりの巨匠や同士と出会った。教育分析は、プロセス志向心理学の先生と、エモーション・フォーカスト・セラピーのトロントの先生から受けた。妻と出会い、子どもたちと出会い、支えられて、いきている。そして、もがきつづけている。このくだりは、あと一冊くらい要しそうなので、割愛する。

●●●

２０１６年が終わるころ、大学院でお世話になった杉江征先生から、１通のメールが来た。日本心理臨床学会に若手の会をつくりたい、とのこと。翌年2月14日、有楽町の東京交通会館、日本心理臨床学会事務局にて、加藤さん（コラム1執筆）と、華さん（第5章執筆）にはじめて出会い、構想を話しはじめた。予想されるたくさんの学会仕事に尻込みしつつも、新しい試みと出会いに、何かが開かれるような希望も感じた。その後、井上さん（井上美鈴先生）、古賀さん（古賀聡先生）、古川さん（古川裕之先生）が加わり、初代会長の藤野さん（第8章執筆）のもとで、若手の会として、いますべきこと、これからすべきことを話し合い、会則をつくり、企画を考え、行動してきた。疫病が蔓延する前だったので、会議には、いつも子どもたちを連れていった。事務局のかたや、会のメンバーに、あたたかく接していただいた。井上さんからは、子どものお洋服をゆずっていただいたりと、私生活でも関わりが芽生えた。

学会業務は無給の休日仕事になる。先人たちがずっとそうしていたのは知っているけれど、やはり違和感があった。それもあってか、〝仕事と私生活〟のテーマは、若手の会のメンバーの関心でありつづけた。そして、2019年の心理臨床学会において、『若手の心理臨床家にとってのワーク・ライフ・エンリッチメント：仕事と私生活のポジティブ・スピルオーバーへ』というシンポジウムを企てた。本書の編者である山口さん（第2章執筆）、榊原さん（第4章執筆）とともに、自分のことも話をした。その当時までの仕事と私生活、そのもがきつづけたさまを、一事例として話した。むなしさやさみしさを感じてきたこと、朝起きてから夜寝るまでの一日の流れ、家事がつらいこと、仕事が苦しいこと、酒がやめられないこと、ラーメンに救われること、皿洗いを人生にいかすこと、などなど。シンポジウムが無事に終わった会場で、ニコニコと話しかけてくれる淑女がいた。松山由理子さんだった。

「本にしましょう」

それが、松山さんの最初の一言。おもろいものを見つけたぞと言わんばかりの、素敵な笑顔だった。その横には、初めてお目にかかる鶴光代先生がおられて、にっこりしていた。なにやら、もうお二人で話ができているようだった。さっそく、山口さん、榊原さんとの企画が始まった。若手が若手を支えるためには、誰に、どんな内容を綴ってもらうといいだろうか。人のこころの支えにかかわる臨床の営みも、私たちが直面する困難も、色とりどりで、多様だ。この時代の私たちの、同業のどこかの誰かの意識と無意識に共鳴するような、そして、励まし合えるような、認め合えるような、そんな一冊にしたいと、とり組んできた。

本書の作成過程で、松山さんとは真っ向から対立することもあった。たとえば、執筆者の年齢を明かすことについては、たくさん議論した。執筆者陣は心理臨床家なので（そして、ひとりの人間でもあるので）、生年が明かされることは、はばかられた。それに対して、執筆者の生年を記すことは、書物の歴史的意義を後年に評価することや、読者の関心において重要だと、編集者の立場から譲らず意見してくれた。結果としては、それぞれの執筆者の判断にゆだねて、プロフィールを書いてもらうことになった。

2022年3月、しばらくぶりに松山さんからメールが届いた。「体調が思わしくなかったが、もう退院したので大丈夫」とのこと。その時は、それが最後のやりとりになるとは、思わなかった。松山さんは、人生の最後の時間に、病を抱えながら、病と戦いながら、本書の原稿に向き合っていただいていた。それを思うと、いまもこころが痛くなる。かけがえのないその時間とちからを、こうして本書に与えていただいたこと、こころより、感謝を申し上げます。そして、ご冥福をお祈り申し上げます。松山さん、ありがとうございます。この本が、届きますように。

佐藤道雄さまには、松山さんの仕事を継いで、その痕跡をたどりながら、丁寧な編集をしていただきました。たんたんと、すべきことを進められるプロフェッショナルなお仕事ぶりで、安心して再校、三校と進められました。ここに記して、心よりの感謝を申し上げます。

本書のなかで、みずからの生きようを教えてくれた執筆者のみなさまに、心よりの感謝を申し上げます。自分自身の生きようを見せることには、さまざまな葛藤やむずかしさがある。心理職にとっては、とりわけ大きな意味をもつだろう。執筆者の方々の、ひとりひとりの原稿から、私個人が、とてつもなく勇気づけられました。私たちは、たしかにもがいている。けれども、たしかに素晴らしい仕事をしている。たしかに、誰かに、社会に、影響を与えている。そんな仲間がいまこのときも全国にいて、世界を駆け回っている。それぞれがいるところで、それぞれの想いをもって、それぞれのことをしている。そんな人たちの周りには、もちろん親しい人たちがいて、人と人とのかかわりのなかで、仕事や私生活が営まれている。それを知ることができて、うれしかった。本書が、これから心理臨床を学んでいく方々や、いま奮闘している方々の、その背中を少しでもやさしくなでて、支えて、後押しになれたらと、願っています。いや、あなたが、この執筆者の方々をなでて、たたえて、ほめてあげてほしい。そして、そうしたやさしさを、あなた自身にもどしていってほしい。

妻、子どもたち、いつもそばにいてくれて、ありがとう。

親、きょうだい、親戚、友人、同僚、仕事と私生活で出会ってきた方々、
そして、まだ見たことのない、どこかで関わりのある人、
生命、世界に、感謝を込めて。

2023年3月14日

……心理職がワーク・ライフを語り合う時代《とき》に……

山口慶子

10年以上前、心理臨床家の発達に関する研究（第2章）にかかわるきっかけをくださったのは、岩壁茂先生でした。大学院のゼミか何かで紹介された洋書の中古を海外から取り寄せ、シミのある黄ばんだページをめくっていくと、そこには古いどころか私にとって真新しい世界が広がっていました。その後、国際学会に参加する機会をいただき、研究の最前線をひた走る臨床家の凄みや若手を応援するあたたかい雰囲気を体験しました。また同じ頃、日本で進行中だった研究プロジェクトで金沢吉展先生に出会い、上野まどかさんと切磋琢磨しながら、臨床家自らのことやその発達的変化に焦点を当てた研究を推進する大切さを実感したのです。このように、私は心理職のワーク・ライフを研究の文脈のなかで感じ取ってきました。

そして2019年の初夏。私は本書が生まれる端緒となった日本心理臨床学会若手の会企画シンポジウムで、身の上話をしていました。――小さい頃から好奇心旺盛で、異文化への憧れや世の中の光と影を感じながら育ったこと、学生生活で苦楽を共にした仲間や恩師と出会い、人の心を支えることへの関心が醸成されていったこと、医療の現場でうつや不安など感情の問題を抱える方々の面接を行ったり、支援方法を研究していること、云々。こうした話題を学会というフォーマルな場で話すのは初めてで、ぎこちなさと不安でいっぱいでした。すると、若手の会幹事の皆さんが会場前方で、真剣に、時ににこにこと反応してくださっている姿が目に入り、たしかに何かが届いたように感じ、嬉しくなりました。そしてこの画期的な企画に立ち会えたことが、どこか感慨深くもありました。そこでの経験が、本書の企画から執筆までの数年間を支えてくれたと思います。

すべての原稿が書き上げられた今、本書の執筆者の皆さまに心から感謝を申し上げます。自らの経験を振り返りつつ、ワーク・ライフ・バランスに関して、生の、熱い、リアルな自分の声を言葉にして綴ってくださいました。日々のワーク・ライフに、困難、課題、矛盾はあふれています。他者と模索し、お互いを思いやり、自分を見つめ直し、真摯に向き合おうとする執筆者ひとりひとりの姿は、いろいろな形で、読者の心に希望や励ましの種を蒔いてくれるでしょう。そして、もがきながらも、人が人とともに生きていくことはなんと尊いことでしょうか。めまぐるしく変化する社会の中で心理職はどのように貢献できるのか考えていくと、援助するとはどういうことか、臨床家であるとはどういうことかに辿りつきます。それらを、フォーマルにだけでなく、ローカルに、そしてオープンに語り合うことがどれほど貴重なことか、ひとつひとつの章、コラム、Q&Aを通して語りかけてくれています。

今この瞬間にも、世界のどこかで絶望の淵に立たされている人もいれば、歓喜の輪の中で飛び上がっている人もいるかもしれません。私自身、本書が作られていく数年の間に、生活環境が変わり、仕事の比重も変わり、体調を崩した期間もありました。そしてひとりの恩師を失いました。歳を重ねるにつれ、苦悩や悲しみ、幸せや喜びが大きくなっていくことを実感します。同時に、どんなときも家族に支えられ、友人や同僚や周りの人たちと助け合い、日々暮らしていることへの感謝もこみあげてきます。

最後に、鶴光代先生がつないでくださった福村出版の松山由理子さんには、シンポジウムで私たちの話を聞いてくださった時から、伊藤正哉さんと榊原久直さんとともに本書の企画について話し合いを重ねていく中で、大変お世話になりました。心よりご冥福をお祈りいたします。編集を継いでくださった佐藤道雄さんには丁寧に校正を重ねていただきました。深く感謝の意を表します。

……もがきながら、明日を掴むこと／失うこと……

榊原久直

本書に綴られた様々な章は、1章1章に血が通い、書き手の匂いと温もりに触れられるものであり、心理臨床家であると同時に一人の人間としてもがく筆者らの人生そのもののように感じられるもので、届いた原稿を開くと時間を忘れて夢中になって読み進めていたことを今でもよく覚えています。全ての章はまぎれもない筆者だけの人生の軌跡であるにもかかわらず、そこで綴られた人生の物語にはなぜか〝私〟を感じさせてくれる何かがあり、読むたびに胸の中で感情が込み上げてくる思いを何度も体験しました。

そんな夢のような体験にも一先ずの終わりが来てしまったわけですが、この本が誕生するきっかけとなったシンポジウムのあの日から今日この日までの4年近くの月日を振り返ると、どうしてか、修士1年生の頃にイニシャルケースを担当し始めた頃、スーパーヴァイザーであった竹田伸子先生にかけていただいた言葉が浮かび上がってきました。それはクライエントの話に必死に耳を傾けながらも、自分なりに感じ、考えたことが正しいのかどうか、目の前のクライエントの思いにどのように応えるのがよいのかに迷い、結局何もできずに、大切な語りにただただ物分かりの良い顔で頷いてしまっていた私の姿に対する助言でした。カウンセリングの中で、セラピストの頭の中には、ああかもしれない、こうかもしれないと、様々な理解が浮かんでは消えていくし、それをたくさん考えることも大事なのだけれども、たとえ間違っていたとしても、その中の選択肢のひとつを選び、今ここで、話し合うことが大事だと思う……そう、温かくも厳しい言葉と、好奇心に満ちたいたずらっぽい笑顔で背中を押していただいたことがありました。

ありきたりな言葉になりますが、人生は選択の連続なのかもしれません。本書に込められた物語のひとつひととつは筆者の人生における選択の積み重ねであり、同時に、私たちが選んだ、もしくは選ばなかった選択肢の積み重ねであるのかもしれません。

かくいう私自身も、このあとがきを書いているまさに今、人生における大きな選択を行いました。この選択によって、大切な家族にも不安な思いをさせることになりましたし、お世話になった方々に多大な迷惑をかけてしまいました。涙を流させてしまったゼミ生もいます。この選択が正しいものであるのか、間違っているのか、自分自身でも確信は未だに持てずにいます……。振り返ると私はこれまで、努力すること、もがくことは、人生の可能性や選択肢を広げるものだと信じて生きてきましたが、大切なものが増えるにつれて、ちょうど先のスーパーヴァイザーからの助言に含まれていたように、何かを掴むことは、同時に他の選択肢を失うことでもあるのだと実感するようになりました。そしてだからこそ、もがくことの怖さを今、改めて噛みしめています。

けれどもそんな中、今手に掴んだ選択肢を選ばなかった自分を想像してみた時に、自分に想いを寄せてくれている人たちに胸を張れる自分でいられるだろうかという問いが頭をよぎりました。答えはＮｏでした。そんな自分は、彼ら彼女らが慕ってくれている自分の姿ではなくなってしまっているのではないかと、今の私は考えています。だからこそ、悲しいかな、このちっぽけな両手では全てをこぼさずに掴むことはできないとしても、自分自身と自分が大切に想う人たちが信じる自分の姿を裏切らないよう、もがきながらも勇気を出して何かを掴み／失って生きていきたいと強く願っています。私自身の、そして筆者たちの物語はまだまだこれからも続いていきます。

牧野みゆき（まきの　みゆき）〔第13章〕
1980年生れ
2011年　武蔵野大学大学院人間社会研究科修士課程修了
現　在　国立精神・神経医療研究センター認知行動療法センター研究生　元）武蔵野大学認知行動療法研究所客員研究員　公認心理師、臨床心理士、看護師
訳　書　『トラウマへの認知処理療法』（分担訳）創元社 2019

藤岡　勲（ふじおか　いさお）〔コラム10〕
2011年　東京大学大学院教育学研究科博士後期課程満期退学
現　在　佛教大学教育学部臨床心理学科准教授　公認心理師、臨床心理士
著　書　『臨床心理学概論』（分担執筆）ミネルヴァ書房 2020

小林良介（こばやし　りょうすけ）〔第14章〕
1991年生れ
2022年　東京大学大学院教育学研究科博士課程満期退学
現　在　東京都内精神科クリニック　臨床心理士

金　智慧（きむ　じへ）〔第14章〕
1988年生れ
2023年　東京大学大学院教育学研究科博士課程修了　博士（教育学）
現　在　早稲田大学人間総合研究センター次席研究員　臨床心理士、公認心理師
著　書　*Human Science of Disaster Reconstruction.*（共著）Interbooks 2019

佐藤遊馬（さとう　ゆうま）〔第14章〕
1990年生れ
2018年　東京大学大学院教育学研究科博士課程満期退学
現　在　東京大学大学院理学系研究科・理学部学生支援室相談員　公認心理師、臨床心理士

鶴　光代（つる　みつよ）〔むすびに〕
1942年生れ
1969年　九州大学大学院教育学研究科修士課程教育心理学専攻修了
1970年　九州大学大学院教育学研究科博士課程教育心理学専攻中退
1970年　福岡教育大学保健管理センター講師
1978年　福岡教育大学保健管理センター助教授
2000年　秋田大学教育文化学部教育心理学講座教授
2007年　跡見学園女子大学文学部臨床心理学科教授
2012年　東京福祉大学心理学部教授
現　在　淑徳大学人文学部客員教授、秋田大学名誉教授
著　書　『臨床動作法への招待』金剛出版 2007、他著訳書多数

原口喜充（はらぐち　ひさみ）〔第９章〕
1990年生れ
2018年　大阪大学大学院人間科学研究科博士後期課程単位取得退学
現　在　近畿大学九州短期大学講師　臨床心理士、公認心理師
著　書　『実践で役立つ 子ども家庭支援論』（共著）ミネルヴァ書房 2024、『実践に活かす保育の心理学』（編著）ミネルヴァ書房 2023、『新版K式発達検査2020 実施手引書 解説書』（分担執筆）京都国際社会福祉センター 2020

松本拓真（まつもと　たくま）〔コラム8〕
1982年生れ
2013年　大阪大学大学院人間科学研究科博士後期課程単位取得退学
現　在　岐阜大学教育学部准教授　臨床心理士、公認心理師
著　書　『子どもの精神分析的セラピストになること』（共編著）金剛出版 2021

中原元気（なかはら　げんき）〔第10章〕
1987年生れ
2014年　広島大学大学院教育学研究科博士前期課程修了
現　在　株式会社ユグドラシル代表取締役　臨床心理士
著　書　『教育相談』（分担執筆）協同出版 2021

雲財　啓（うんざい　さとし）〔第11章〕
1987年生れ
2022年　神戸大学大学院人間発達環境学研究科博士後期課程修了
現　在　京都橘大学総合心理学部総合心理学科助教　臨床心理士、公認心理師

若井貴史（わかい　たかふみ）〔第12章〕
1977年生れ
2010年　鳴門教育大学大学院臨床心理士養成コース修了
現　在　長岡病院心理課、哲学心理研究所　臨床心理士、公認心理師
著　書　『公認心理師ハンドブック　心理支援 編』（分担執筆）北大路書房 2024、『深掘り！ 関係行政論　産業・労働分野』（分担執筆）北大路書房 2023

若井裕子（わかい　ゆうこ）〔コラム9〕
1983年生れ
2014年　兵庫教育大学大学院連合学校教育学研究科博士課程修了　博士（学校教育学）
現　在　滋賀県教育委員会スクールカウンセラー　京都女子大学非常勤講師　臨床心理士
著　書　『実践・子どもと親へのメンタライジング臨床』（分担執筆）岩崎学術出版社 2022

安達友紀（あだち　とものり）〔コラム4〕
1985年生れ
2015年　大阪大学大学院人間科学研究科博士後期課程単位取得退学
現　在　神戸大学大学院人間発達環境学研究科助教　臨床心理士、公認心理師
訳　書　『体験的CBT』（分担訳）岩崎学術出版社 2021

船戸みずほ（ふなと　みずほ）〔第6章〕
2012年　京都光華女子大学大学院心理学研究科修士課程修了
現　在　東京都内企業　臨床心理士

沖潮満里子（おきしお　まりこ）〔コラム5〕
2013年　東京大学大学院教育学研究科博士課程修了　博士（教育学）
現　在　青山学院大学教育人間科学部心理学科准教授　臨床心理士、公認心理師
著　書　『これからの障害心理学――〈わたし〉と〈社会〉を問う』（共編著）有斐閣 2023、『アジアの質的心理学』（共編著）ナカニシヤ出版 2018

富尾知世（とみお　ちよ）〔第7章〕
1990年生れ
2015年　岡山大学大学院教育学研究科修士課程修了
現　在　岡山家庭裁判所倉敷支部家庭裁判所調査官　公認心理師、臨床心理士

古賀絵子（こが　えこ）〔コラム6〕
2007年　お茶の水女子大学大学院人間文化研究科修士課程修了
現　在　原宿カウンセリングセンター、特定非営利活動法人 RRP研究会　臨床心理士、公認心理師
著　書　『DVに曝された母子を支援する コンカレントプログラム・マニュアル』（共編集代表）金剛出版 2023、『DV加害者プログラム・マニュアル』（分担執筆）金剛出版 2020

藤野陽生（ふじの　はるお）〔第8章〕
2013年　大阪大学大学院人間科学研究科博士後期課程退学
現　在　大阪大学大学院連合小児発達学研究科准教授　臨床心理士、公認心理師
著　書　『障害者・障害児心理学』（分担執筆）放送大学教育振興会 2021

細越寛樹（ほそごし　ひろき）〔コラム7〕
1980年生れ
2008年　筑波大学大学院人間総合科学研究科一貫制博士課程修了
現　在　関西大学社会学部教授　臨床心理士、公認心理師

【執筆者紹介（執筆順）】 ※本文中の各執筆者の肩書き・所属は初版（第1刷）刊行時のものです。

伊藤正哉（いとう　まさや）〔第1章〕
編者紹介参照

加藤佑昌（かとう　ゆうすけ）〔コラム1〕
1979年生れ
2011年　専修大学大学院文学研究科博士後期課程単位取得退学
現　在　専修大学人間科学部准教授　臨床心理士、公認心理師

山口慶子（やまぐち　けいこ）〔第2章〕
編者紹介参照

西田千尋（にしだ　ちひろ）〔コラム2〕
1988年生れ
2019年　神戸松蔭女子学院大学大学院文学研究科修士課程修了
現　在　キンダーカウンセラー　臨床心理士、公認心理師、社会福祉士、精神保健福祉士

上野まどか（うえの　まどか）〔第3章〕
2013年　明治学院大学大学院心理学研究科博士後期課程修了
現　在　臨床心理士、公認心理師
著　書　『心理臨床家の動機とキャリア体験との関連』風間書房 2022、『教育相談』（分担執筆）学文社 2020

田中翔太郎（たなか　しょうたろう）〔コラム3〕
1989年生れ
2014年　茨城大学大学院教育学研究科修士課程修了
現　在　古河市児童発達センター　臨床心理士、公認心理師

榊原久直（さかきはら　ひさなお）〔第4章〕
編者紹介参照

鈴木華子（すずき　はなこ）〔第5章〕
1982年生れ
2012年　熊本大学大学院医学教育部博士課程修了　博士（医学）
現　在　立命館大学総合心理学部准教授　公認心理師、臨床心理士
著　書　*The Cambridge Handbook of International Prevention Science.*（分担執筆）Cambridge University Press 2017

【編者紹介】

伊藤正哉（いとう　まさや）
1979年生れ
2003年　筑波大学第二学群人間学類心理学専攻卒業
2007年　筑波大学大学院人間総合科学研究科ヒューマン・ケア科学修了
現　在　国立研究開発法人国立精神・神経医療研究センター認知行動療法センター　臨床心理士、公認心理師
筑波大学人間系教授（連携大学院）　早稲田大学人間科学学術院客員教授
著訳書　『10代のための感情を味方につけるプログラム　セラピストガイド』（共訳）福村出版 2021、『10代のための感情を味方につけるプログラム　ワークブック』（共訳）福村出版 2021、『不安とうつの統一プロトコル 診断を越えた認知行動療法 臨床応用編』（共監訳）診断と治療社 2020、『子どものための感情探偵プログラム　セラピストガイド』（共訳）福村出版 2020、『子どものための感情探偵プログラム　ワークブック』（共訳）福村出版 2020、『トラウマへの認知処理療法――治療者のための包括手引き』（共監修）創元社 2019、『不安とうつの統一プロトコル　診断を越えた認知行動療法 ワークブック』（共訳）診断と治療社 2012、『こころを癒すノート――トラウマの認知処理療法自習帳』（共著）創元社 2012

山口慶子（やまぐち　けいこ）
2014年　お茶の水女子大学大学院人間文化創成科学研究科博士後期課程単位修得退学
現　在　東京女子大学現代教養学部　臨床心理士、公認心理師
著訳書　『エビデンスに基づく臨床査定メソッド――質の高い心理支援の基礎と実践』（共著）診断と治療社 2023、『感情制御ハンドブック――基礎から応用そして実践へ』（分担執筆）北大路書房 2022、『不安とうつの統一プロトコル 診断を越えた認知行動療法 臨床応用編』（共訳）診断と治療社 2020、『エモーション・フォーカスト・セラピー入門』（分担訳）金剛出版 2013

榊原久直（さかきはら　ひさなお）
1987年生れ
2010年　神戸大学発達科学部卒業
2015年　大阪大学大学院人間科学研究科博士後期課程修了
現　在　京都教育大学総合教育臨床センター学びサポート室講師　臨床心理士、公認心理師
著　書　『保育の心理学』（共著）建帛社 2024、『新訂版 教員になりたい学生のためのテキスト特別支援教育』（共編著）クリエイツかもがわ 2024、『生態としての情動調整――心身理論と発達支援』（共著）金子書房 2019、『読んでわかる児童心理学』（共著）サイエンス社 2019、『暮らしの中のカウンセリング入門――心の問題を理解するための最初歩』（共著）北大路書房 2016

心理職《しんりしょく》の仕事《しごと》と私生活《しせいかつ》——若手《わかて》のワーク・ライフ・バランスを考《かんが》える

2023 年 7 月15日　初版第 1 刷発行
2024 年 9 月 5 日　　　第 2 刷発行

編著者　伊藤正哉
　　　　山口慶子
　　　　榊原久直
発行者　宮下基幸
発行所　福村出版株式会社
　　　　〒104-0045　東京都中央区築地4-12-2
　　　　電話 03-6278-8508　FAX 03-6278-8323
　　　　https://www.fukumura.co.jp
印　刷　株式会社文化カラー印刷
製　本　協栄製本株式会社

ISBN978-4-571-24107-9　C3011　Printed in Japan